Brandt | Blackbird

Lektüreschlüssel XL

für Schülerinnen und Schüler

Matthias Brandt

Blackbird

Von Eva-Maria Scholz

Reclam

Dieser Lektüreschlüssel bezieht sich auf folgende Textausgaben:
Matthias Brandt: *Blackbird. Roman.* Anmerkungen und Nachwort von Liane Schüller. Stuttgart: Reclam, 2023. (Universal Bibliothek. 14367.) [Zit. als: R.]
Matthias Brandt: *Blackbird. Roman.* Köln: Kiepenheuer & Witsch, [2]2021. [Zit. als: K.]

E-Book-Ausgaben finden Sie auf unserer Website
unter www.reclam.de/e-book

Lektüreschlüssel XL | Nr. 15553
2024 Philipp Reclam jun. Verlag GmbH,
Siemensstraße 32, 71254 Ditzingen
Druck und Bindung: Esser printSolutions GmbH,
Untere Sonnenstraße 5, 84030 Ergolding
Printed in Germany 2024
RECLAM ist eine eingetragene Marke
der Philipp Reclam jun. GmbH & Co. KG, Stuttgart
ISBN 978-3-15-015553-0

Auch als E-Book erhältlich

www.reclam.de

Inhalt

1. Schnelleinstieg

Autor	Matthias Brandt, deutscher Schauspieler, Hörbuchsprecher und Schriftsteller, geboren 1961 in West-Berlin
Erscheinungsjahr	2019 im Verlag Kiepenheuer & Witsch (Köln)
Gattung	Roman
Handlung	Als der zu Handlungsbeginn noch 15-jährige Morten Schumacher, Spitzname »Motte«, erfährt, dass sein bester Freund Bogi an Krebs erkrankt ist, ist plötzlich nichts mehr wie bisher. Während Bogi weitgehend isoliert im Krankenhaus liegt, geht Mottes Leben »draußen« weiter: Seine Eltern trennen sich, er verliebt sich, er macht erste Rauscherfahrungen. Haben sie vor der Krebsdiagnose noch jede freie Minute zusammen verbracht, besucht Motte Bogi nun nur noch selten. Die aufkommenden Schuldgefühle versucht er beiseitezuschieben, die Gleichzeitigkeit von Existenziellem und Alltäglichem überfordert ihn. Am Ende der Handlung steht unausweichlich Bogis Tod, den Motte ebenfalls am liebsten verdrängen möchte. Da dies nicht möglich ist, er aber auch nicht weiß, wie er einfach weiterleben soll, hört er auf zu sprechen. Nach mehrwöchiger Therapie und durch die Unterstützung seiner Freunde spricht er auf Bogis Beerdigung wieder sein erstes Wort.
Zeit	Die Handlung beginnt Mitte August 1977 und endet Mitte Juli 1978.

Ort	Die Handlung ist angesiedelt in einer fiktiven Kleinstadt in Deutschland. Die wesentlichen Handlungsorte dort sind das Krankenhaus, die Schule, Mottes altes und neues Zuhause, das Freibad, der Stadtpark und der Ringwald, die Wohnung des Lehrers Meinhardt Vogt sowie die verschiedenen Stadtteile und Viertel, in denen seine Freunde wohnen, und zum Schluss der Südwestfriedhof in der Nähe der Autobahn.

Romandebüt

Blackbird ist Matthias Brandts erster Roman und sein zweites literarisches Werk überhaupt. 2016 erschien mit *Raumpatrouille* sein Debüt, ein Band mit Geschichten über eine Kindheit in den Sechziger- und Siebzigerjahren. Den zeitgeschichtlichen Hintergrund teilen sich seine beiden Werke – auch *Blackbird* spielt in den Siebzigerjahren des letzten Jahrhunderts, der Zeit, in der der Autor selbst Jugendlicher gewesen ist. Der Roman erzählt von einem knappen Jahr im Leben des Teenagers Morten Schumacher, genannt Motte. Zu Beginn der Handlung ist er gerade noch 15 Jahre alt, am Ende steht er kurz vor seinem 17. Geburtstag –

Erwachsenwerden

der Blick richtet sich also auf die fragile Phase des Erwachsenwerdens, die geprägt ist von Veränderung, Verunsicherung, Entwicklung, Abgrenzung und vielen ersten Malen: der erste Rausch, das erste Verliebtsein, die erste Enttäuschung und in Mottes Fall auch die erste Konfrontation mit dem ganz großen Unglück: Sein bester Freund Bogi erkrankt an Krebs und stirbt schließlich. Brandt lässt seinen Protagonisten selbst von der nahezu unerträglichen Gleichzeitigkeit von Existenziellem und Beiläufigem, von sich überschlagenden Ereignissen bei dem einen, für den das Leben weitergeht, und Stillstand bei dem anderen, der vom einen auf den anderen Tag aus seinem Alltag gerissen worden ist und nun isoliert im Krankenhausbett liegt, erzählen. »Es war, als ob Bogis Leben durch die verschissene Scheißkrankheit stehen geblieben war, während es für mich weiterraste.« (R 97 | K 102) Darüber sprechen, wie es in ihm aussieht, kann Motte nicht, wie sollte sich auch das Unfassbare mit Worten greifen lassen? »Wahrscheinlich gibts für die wirklich wichtigen Dinge, die man fühlt, keine Worte. Jedenfalls nicht die richtigen. Man tut eigentlich immer nur so, als ob. Weil man sich alles zurechtquatschen muss. Damit die Welt nicht stehen bleibt und es irgendwie weitergeht.« (R 24 | K 26) Daher weicht der Ich-Erzähler dem Eigentlichen aus, weiß plötzlich nicht mehr, was er mit seinem besten Freund im Krankenhaus reden soll, schiebt seine Gefühle und Gedanken so lange beiseite, bis es nicht mehr geht, und verstummt schließlich komplett.

Gleichzeitigkeit von Existenziellem und Alltäglichem

Blackbird ist ein Roman über das Erwachsenwerden mit all seinen Facetten und Ambivalenzen. Er erzählt von der Simultaneität von Alltag (Schule, Freibad, Eltern, Musik) und Ausnahmesituation (Krankheit, Tod, Verlust, Liebe), von Reden und Schweigen, aber auch von Freundschaft, Zusammenhalt und Entwicklung – zeitlose Themen vor einem zeitgeschichtlich fest verorteten Hintergrund: der alten Bundes-

Zeitlose Themen

Grundsatzentscheidung: Zeit der Handlung

Analoge Kommunikation

Leerflächen

republik in den Siebzigerjahren. Die Entscheidung, die Handlung in einer Zeit anzusiedeln, in der die Menschen noch nicht über moderne Kommunikationsmedien wie Smartphones verfügen, setzt den Rahmen für die Art und Weise des Miteinanders der Figuren im Roman. Es werden handschriftliche Briefe und Postkarten verschickt, telefonieren geht nur über den stationären Festnetzanschluss zu Hause bei den Eltern, wer unterwegs ist, ist nicht zu erreichen. Die Kommunikation ist eine ganz andere als in der heutigen Zeit, in der Unmittelbarkeit und Permanenz selbstverständlich geworden sind und auch erwartet werden. Brandt findet genau diesen Aspekt spannend: »Es gibt in dieser Geschichte hier x Situationen, die mit Handys geschweige denn mit Smartphones so nicht auftreten würden. […] Ich fand das aber interessanter, weil ich es gut finde, wenn es gewisse Leerflächen gibt, wo Figuren alleine sind, wo Figuren andere Menschen auch mal suchen müssen.«[1] Die Geschichte wäre mutmaßlich eine ganz andere, wenn Motte und Bogi rund um die Uhr via Kurznachrichten-Dienst kommunizieren würden oder Bogi aus dem Krankenhausbett heraus über Social Media am Leben seiner Freunde teilhaben könnte. Für Brandt ist es eine grundsätzliche Entscheidung, die vor dem Beginn je-

1 Wiebke Porombka, »Gespräch mit Matthias Brandt über seinen Roman *Blackbird*«, in: *SWR2 lesenswert* (6. 3. 2020), www.swr.de/swr2/literatur/swr2-lesenswert-gespraech-20200310-2203-mit-matthias-brandt-ueber-seinen-roman-blackbird-100.html (Stand: 26. 9. 2023).

des Schreibens zu treffen ist und den Grundton des Erzählens setzt: Handys oder nicht?[2] In *Blackbird* gibt es keine und so ist dieser Roman für erwachsene Leser, die sich an eine Zeit rein analoger Kommunikation noch erinnern können, eine Reise in die eigene Vergangenheit und für jugendliche Leser ein interessantes Gedankenexperiment.

2 Vgl. Porombka (s. Anm. 1).

2. Inhaltsangabe

17 Kapitel

Blackbird ist in 17 Kapitel unterteilt, deren Nummerierung jeweils eine Angabe zum Monat der Handlung beigefügt ist. Das erste Kapitel beginnt Mitte August, das letzte endet Mitte Juli des Folgejahres. Die Handlung erstreckt sich also über einen Zeitraum von elf Monaten. Mal schließen sich die erzählten Ereignisse nahtlos an die des vorherigen Kapitels an, mal gibt es größere Zeitsprünge. Angesiedelt ist die Handlung von *Blackbird* in einer fiktiven Kleinstadt in der Bundesrepublik Deutschland, zeitlich lässt sie sich in den Jahren 1977 und 1978 verorten.

1. Kapitel: Mitte August (R 5–10 | K 5–11)

Die Romanhandlung beginnt unmittelbar mit der Nachricht, die das Leben des 15-jährigen Protagonisten und Ich-Erzählers Morten Schumacher, genannt Motte, komplett auf den Kopf stellt. Auf dem Weg zum unablässig klingelnden Telefon erzählt Motte wie nebenbei, dass seine Eltern sich getrennt haben und sein Vater gerade dabei ist auszuziehen, um mit seiner neuen Freundin Claudia Hunger-Löper zusammenzuleben. Am anderen Ende der Leitung ist der Vater seines besten Freundes Bogi, der eigentlich Manfred heißt. Darüber ist Motte einigermaßen verwundert: »Mit dem hatte ich noch nie telefoniert« (R 6 | K 7). Die einzige Erklärung, die Motte so spontan für den Anruf von Herrn Schnellstieg hat, ist die Möglichkeit, dass dieser die zwei Flaschen Rotwein gefunden hat, die die beiden Freunde heimlich für die Turnierfahrt am kommenden Wochenende gekauft hatten. Motte erfährt jedoch, dass es weder um das Fußballturnier noch um den Rotwein geht, sondern dass Bogi ins Krankenhaus eingeliefert worden ist. Der von dem Gespräch selbst überforderte Herr Schnellstieg reicht den Telefonhörer an seine Frau weiter, die Motte berichtet, dass Bogi sich aufgrund eines Zufallsfundes bei einem Routinearztbesuch zu näheren Untersuchungen im Krankenhaus befindet. Ihre Versuche, den offensichtlichen Ernst der Lage herunterzuspielen und Ruhe auszustrahlen, scheitern: »Dann weinte Bogis Mutter plötzlich auch, obwohl sie mir doch vor fünf Sekunden noch gesagt hatte, das müsse nicht sein. Ganz leise nur, aber ich merkte es« (R 10 | K 10). Auch wenn Motte noch nicht richtig greifen kann, was passiert, fühlt er die Tragweite dieser Nachricht: »Jetzt hat sich gerade alles verändert, dachte ich. Nee, dachte ich nicht. Keine Ahnung, was ich wirklich dachte« (R 10 | K 11).

■ Alles anders

2. Kapitel: Mitte September (R 11–37 | K 12–39)

Die Handlung macht einen Zeitsprung von circa einem Monat. Motte ist auf dem Weg zu Bogi ins Krankenhaus. Es ist der erste Besuch bei seinem besten Freund, seitdem bei diesem ein Non-Hodgkin-Lym-

■ Erster Besuch im Krankenhaus

Krebsdiagnose

Abschweifende Gedanken

phom und damit Krebs diagnostiziert worden ist. »Komisch war das. Bogi, mit dem ich seit Jahren fast jeden Tag verbracht hatte, war von einem Moment auf den anderen weg gewesen.« (R 11 | K 12) Motte freut sich zwar auf das Wiedersehen mit Bogi, ist gleichzeitig aber auch nervös diesbezüglich, weswegen er sich in Gedanken an scheinbar belanglose Dinge verliert (an den Hausmeister seiner Schule, einen älteren Schüler mit einem missratenen Tattoo oder an einen Tierfilm aus dem Biologieunterricht, der wiederum mit dem Hausmeister zu tun hat). Die Beobachtungen und Begegnungen auf dem Weg zu Bogis Krankenzimmer lassen Motte noch an weitere Personen aus seinem alltäglichen Leben denken: Die Pförtnerloge sieht für ihn aus wie ein Aquarium, weswegen ihm sein Guppy-begeisterter Physiklehrer in den Sinn kommt, der zivildienstleistende Sanitäter wäre in den Augen seines sadistischen Sportlehrers Kragler, der von seinen Schülern militärische Tugenden verlangt, ein »Drückeberger« (R 16 | K 17).

Da Bogi ein Jahr jünger ist als Motte, liegt er auf der Kinderstation, deren einzelne Zimmer mit Tiersymbolen gekennzeichnet sind. Für Motte macht dies die ganze Situation noch absurder, ihm ist mulmig zumute und er will auf keinen Fall »einer von denen hier sein« (R 21 | K 22). Als er Bogi schließlich in seinem Giraffen-Zimmer erblickt, fällt ihm auf, wie sehr dieser sich verändert hat. Bogi wirkt auf Motte so, »[a]ls ob er, obwohl er noch gar nicht lange hier war, schon hierhergehörte und nicht mehr zu unserer Welt, zu meiner« (R 22 | K 24). Sofort hat er ein schlechtes Gewissen – so etwas zu denken sei schließlich das Gegenteil von dem, was die Besucher Bogi laut seiner Mutter vermitteln sollen. Das Gefühl von Zugehörigkeit und Normalität sei wichtig für den Heilungsprozess. Motte empfindet aber genau das als Unmöglichkeit und wird richtiggehend aggressiv: »Aber wie sollte das bitte schön gehen, das mit dem Dazugehören, wenn er den ganzen Tag über im Frotteepyjama in dem bekackten Giraffenzimmer rumlag, während wir draußen gerade unsere Welt umkrempelten?« (R 22 | K 24). Diese Diskrepanz, die Motte auch an weiteren Stellen zur Sprache bringt (»Ich freute mich total, ihn zu sehen, und wollte gleichzeitig nur noch wegrennen«, R 24 | K 26), führt zu einer gewissen Distanz zwischen den beiden Freunden. Das Wiedersehen ist geprägt durch einen stockenden Austausch von Belanglosigkeiten. »Bogi und ich saßen also auf diesem Scheiß-Krankenhausbett und merkten, dass wir gerade wenig miteinander anfangen konnten. Ziemlich traurig war das.« (R 27 | K 29) Motte fühlt sich schlecht deswegen, da er es eigentlich als seine Aufgabe empfindet, Bogi aufzuheitern und der Situation ihre Schwere zu nehmen (R 28 | K 31).

■ Ambivalente Gefühle

■ Sprachlosigkeit und Distanz

Weniger gehemmt agieren die beiden zu Mottes Erleichterung kurz darauf auftauchenden Freunde Jan und Walki. Vor allem Jan beginnt sofort mit Bogi herumzublödeln: »Na, du Behindi! Hehehe, ein Vollhorst ist das, der Bogi! Hängt der hier im Krankenhaus rum!« (R 30 | K 32), »Und? Mit den Schwestern?

■ Jan und Walki

Wie siehts aus? Hehe« (R 33 | K 35). Motte ist erleichtert über die verbesserte Atmosphäre im Raum, fragt sich aber zugleich, warum es ihm selbst nicht möglich ist, eine normale Unterhaltung mit seinem besten Freund zu führen (R 33 | K 35 f.). Walki, der sich bislang eher zurückgehalten hat, schlägt nach einer Weile vor, auf der Wiese vor dem Krankenhaus gemeinsam Fußball zu spielen. Motte findet die Idee absurd, sagt aber nichts dazu. Bogi verneint, er sei zurzeit immer sehr müde, schlägt aber vor, den anderen vom Fenster aus zuzusehen. Die Verlegenheit im Raum ist spürbar. Auf dem Weg nach unten überfällt Motte ein Gedanke, ein schmerzhaftes Gefühl, das er nicht in Worte fassen kann und das er schnell verdrängt.

3. Kapitel: Ende September (R 38–44 | K 40–47)

Verliebt in Jacqueline

Das dritte Kapitel erzählt von einer weiteren Erschütterung in Mottes Leben, die jedoch nichts mit Bogi zu tun hat: Motte verliebt sich Hals über Kopf in Jacqueline Schmiedebach vom Nachbargymnasium. Seit er Jacqueline zum ersten Mal auf ihrem Fahrrad gesehen hat, versteht er plötzlich die Bedeutung des Wortes »Anmut« (R 39 | K 41), welches er aus dem Deutschunterricht von Frau Standfuss kennt. Auf Anraten seiner Freunde folgt Motte Jacqueline mit seinem Fahrrad und findet so heraus, dass sie auf der gegenüberliegenden Seite des Flusses wohnt und die Fähre zur Schule nimmt. In den folgenden Tagen treibt sich

Motte beim Fähranleger herum, um ihr scheinbar zufällig begegnen zu können. Jedoch wird zunächst jemand anderes auf ihn aufmerksam: Ein Mann spricht ihn an und bietet ihm 50 DM für sexuelle Dienste. Erschrocken macht Motte sich mit seinem Fahrrad davon, verpasst somit aber die Ankunft der nächsten Fähre und schlägt sich in sicherer Entfernung zu dem Mann wieder querfeldein zum Anlegeplatz durch, wo Jacqueline dann auch tatsächlich an ihm vorbeifährt und ihn sogar anlächelt. Trotz seines verschwitzten und verdreckten Zustands fährt er ihr nach und traut sich schließlich sogar, neben ihr an der Ampel anzuhalten – wobei er sich bemüht, nicht in ihre Richtung zu blicken. Den restlichen Nachmittag schaut er ihr heimlich beim Tennistraining zu.

4. Kapitel: Ende September (R 45–62 | K 48–66)

Das vierte Kapitel knüpft nahtlos an das vorherige an. Motte trifft zu Hause auf seinen Vater. Beide sind gleichermaßen unbeholfen und wissen nichts mit sich anzufangen. Als der Vater dann schließlich doch das peinliche Schweigen bricht und sagt, die Mutter habe ihm ja alles erklärt, fürchtet Motte eine unangenehme Aussprache über die gegenwärtige Situation und bejaht daher. »Meine Eltern sollten das so regeln, wie sie es für richtig hielten. Oder auch nicht. Hauptsache, sie ließen mich damit in Ruhe.« (R 47 | K 50) Mottes Vater, der vor einiger Zeit seine Arbeit verloren hat,

■ Irritierende Begegnung im Wohnzimmer

fängt unvermittelt an zu lachen und wendet sich schließlich röchelnd und hustend von seinem Sohn ab. Motte denkt über die bevorstehenden Lebensveränderungen nach und zählt die Vorteile auf, die der Umzug in einen anderen Stadtteil mit sich bringen würde. Den Gedanken daran, dass er dann nicht mehr in Bogis Nachbarschaft leben wird, schiebt er schnell beiseite, da dieser in ihm ein schlechtes Gewissen auslöst – hat er Bogi doch schon eine Weile nicht mehr im Krankenhaus besucht.

- Bevorstehender Umzug
- Schlechtes Gewissen

Während der Vater sich durch Schweigen auszeichnet, versucht Mottes Mutter seit der Trennung für ihren Sohn da zu sein und Gespräche über seine gegenwärtige Gefühlslage und die Veränderungen in seinem Leben zu führen. Bei Motte löst dies allerdings alterstypisches Entsetzen aus: »So ein Wahnsinn. Die sollte gefälligst jemand anderen zutexten« (R 50 | K 53). Die Versuche seiner Mutter, mit ihm über Sex zu sprechen, lassen Motte an den Aufklärungsunterricht in der Schule denken. Während seine Biologielehrerin Frau Strobel sich des Themas nur widerwillig angenommen hat, pflegt der Schulleiter einen entspannteren Umgang damit und ist von den Jungs sogar einmal beim Besuch eines Sexshops beobachtet worden.

Nach erfolgreicher Flucht vor seiner Mutter liegt Motte in seinem Zimmer und hört Musik. In der Schule hat er von einer Marihuanaplantage gehört, die jemand im Ringwald angelegt haben soll. Er denkt daran, dass er Bogi bei seinem nächsten Besuch unbedingt davon erzählen muss, schiebt diesen Gedanken aber aufgrund des erneut aufkeimenden schlechten Gewissens wieder beiseite. »Ich dachte dann lieber wieder an Jacqueline. *Dabei* fehlte mir Bogi nicht.« (R 53 | K 56)

Veränderungen

Er denkt über all die Veränderungen in seinem Leben nach, versucht seine ambivalenten Gefühle zu sondieren und kommt zu dem Schluss, dass es in solchen Situationen hilfreich wäre, Raucher zu sein. So entwendet er seiner Mutter eine Schachtel Mentholzigaretten und macht sich mit dem Fahrrad auf in den Ringwald. Auf dem Rückweg kommt Motte am derzeit geschlossenen Freibad vorbei und fragt sich, ob er es im kommenden Sommer wohl endlich schaffen würde, vom Zehnmeterbrett zu springen.

Wiedersehen mit Steffi

Zurück zu Hause gelingt es Motte nicht, seiner Mutter aus dem Weg zu gehen. Sie wartet schon auf ihn und verkündet, dass sie sich am folgenden Tag eine Wohnung anschauen könnten. Motte ist nicht begeistert, bemerkt aber die Enttäuschung seiner Mutter und lenkt ein. Einer der beiden Schornsteinfeger, die währenddessen auf dem Dach des Hauses zugange gewesen sind, stellt sich anschließend als Mottes Grundschulklassenkameradin Steffi heraus. Motte kann sich zunächst nicht an sie erinnern, bis ihm einfällt, dass sie es war, die damals einen denkwürdigen Unfall mit einer Heugabel hatte. In Anbetracht der Tatsache, dass die gleichaltrige Steffi bereits eine Lehre macht, also arbeitet, kommt Motte sich ziemlich kindisch vor und fühlt sich schlecht, weil er als Gymnasiast Realschüler bislang immer von oben herab behandelt hat.

5. Kapitel: Erster Oktober (R 63–70 | K 67–73)

Das fünfte Kapitel nimmt in zweierlei Hinsicht eine Sonderstellung ein. Zum einen hebt es sich typografisch von den anderen Kapiteln ab, da es zum größten Teil aus einem handgeschriebenen Brief Mottes besteht (Rechtschreibfehler inklusive). Zum anderen ist es das einzige Kapitel, das genau datiert ist: Es ist der erste Oktober und damit Mottes 16. Geburtstag.

- 16. Geburtstag

Der Brief, der nicht in seiner redigierten Endfassung abgedruckt ist, sondern noch alle Durchstreichungen und Bearbeitungen enthält, ist an Jacqueline adressiert. Motte stellt sich ihr darin vor, erzählt einiges über sich, zum Beispiel, welche Musik er gerne hört und wo er wohnt. Er beschließt den Brief mit der Frage, ob sie sich mit ihm treffen wolle, und gibt an, für alle Fälle an der Fähre auf sie zu warten.

- Brief an Jacqueline

6. Kapitel: Anfang Oktober (R 71–85 | K 74–89)

Da Motte den Brief nicht mit der Post schicken will, hat er sich ein mehrstufiges Übergabeverfahren überlegt: Walki soll den Brief seiner Schwester geben, die nicht wie Walki und Motte das Brahms-Gymnasium besucht, sondern wie Jacqueline das benachbarte Einstein-Gymnasium. Über sie soll der Brief dann schließlich seine Adressatin erreichen. Doch schon kurz nach der Einleitung des komplizierten Prozesses bereut

- Briefzustellung

Motte, sich für diese Variante entschieden zu haben, da Walki natürlich jede Menge neugierige Fragen stellt. Motte merkt, wie sehr ihm Bogi in einer Situation wie dieser fehlt. »Wäre Bogi jetzt hier gewesen, hätte ich wenigstens jemanden um Rat fragen können.« (R 75 | K 79) Walki willigt ein, den Brief später während des Sportunterrichts seiner Schwester zukommen zu lassen, aber schon während der nachfolgenden Unterrichtsstunde – Deutsch bei Frau Standfuss, Mottes Lieblingslehrerin – bekommt er Panik und will den Brief unbedingt wieder zurück. Als er nach der Stunde Walki um die Rückgabe bittet, merkt dieser, wie nervös Motte ist und hört schließlich auf mit seinen Scherzen und Fragen. Er hört sich Mottes Zweifel an und entgegnet dann fast schon feierlich: »Der ist großartig, dein Brief. Weil ich spüre, dass er *aus deinem Herzen kommt!*« (R 84 | K 88). Motte ist trotz aller emotionalen Instabilität dankbar für Walkis Entschlossenheit, merkt aber erneut ganz deutlich, wie sehr ihm Bogi bei all dem fehlt. »Irgendwo in mir drin wusste ich aber auch, dass der Einzige, mit dem ich darüber wirklich hätte reden können und der mir hätte sagen können, was ich tun soll, gerade auf der Kinderstation vom Sankt Joseph lag und seinen Teddybär anstarrte. Aber so schnell, wie der Gedanke gekommen war, hatte ich ihn auch schon wieder verscheucht. Das Ganze dauerte vielleicht zwei Atemzüge lang, und schon das war länger, als ich es eigentlich aushalten konnte.« (R 84 | K 88)

Bogi fehlt

7. Kapitel: Anfang Oktober (R 86–92 | K 90–97)

Das nächste Kapitel schließt wiederum nahtlos an das vorherige an: Die Freunde sind unterwegs zum Sportunterricht bei Herrn Kragler und Walki huscht unter einem Vorwand kurz zu seiner Schwester rüber, die mit ihrer Klasse gerade den Sportplatz verlässt. Der Brief landet in ihrem Turnbeutel und verschwindet somit endgültig aus Mottes Einflussbereich, was ihm ein mulmiges Gefühl verleiht. »Seit ich den Brief an Jacqueline aus der Hand gegeben hatte, wollte ich nur noch eins sein: unsichtbar.« (R 89 | K 93)

■ Treffen am Fähranleger

Mit großer Aufregung fiebert Motte auf den Tag hin, an dem er am Fähranleger auf Jacqueline warten wollte. Die Zeit verstreicht, mehrere Fähren kommen an, doch auf keiner ist Jacqueline. Einmal meint er ihre blonden Haare an Deck gesehen zu haben und fühlt sich schlecht, als er bemerkt, dass es sich um eine Verwechslung gehandelt hat: »Weil es doch niemanden gab, der so war wie sie« (R 90 | K 94). Als er schon nicht mehr damit rechnet, steht Jacqueline plötzlich vor ihm. Der Schweiß auf ihrer Stirn verrät Motte, dass sie sich beeilt haben muss – seinetwegen. Sie unterhalten sich eine Weile auf einer Bank und als sie schließlich gemeinsam am Ufer entlanggehen, legt Jacqueline ihren Arm um Mottes Taille. Zum Abschied küsst sie ihn sogar einmal kurz. Sie verabreden sich für einen gemeinsamen Kinobesuch am Sonntag.

■ Erster Kuss

8. Kapitel: Mitte Oktober (R 93–102 | K 98–107)

Ein paar Tage sind vergangen und der Auszug von Mottes Vater aus dem gemeinsamen Familienhaus schreitet voran. Die Stimmung ist entsprechend angespannt. Mitarbeiter einer Umzugsfirma tragen wenig zimperlich Möbel hinaus, seine Eltern haben eine »Kacklaune« (R 95 | K 100) und Motte kommt nicht um die bereits angekündigte Wohnungsbesichtigung mit seiner Mutter herum. Positiv von all dem hebt sich die Postkarte ab, die er unerwartet von Steffi erhält. Sie schreibt, dass sie sich gefreut hat, ihn nach so langer Zeit zufällig wiederzusehen, und dass sie »*nicht die Straßenseite wechseln*« (R 96 | K 101) würde, wenn Motte ihr entgegenkäme.

- Auszug des Vaters
- Postkarte von Steffi

Die potentielle neue Wohnung liegt im selben Stadtteil wie das Krankenhaus. Der Gedanke daran, dass er Bogi ja dann öfter besuchen könnte, wenn er dorthin zöge, weckt erneut das schlechte Gewissen, das er wegen seines Fernbleibens hat. Nach wie vor weiß er einfach nicht, worüber er mit Bogi am Krankenbett sprechen soll. »Es war, als ob Bogis Leben durch die verschissene Scheißkrankheit stehen geblieben war, während es für mich weiterraste. Und wenn das noch länger so blieb, würde er mich nie wieder einholen.« (R 97 | K 102) Neben dieser Erklärung für die großen Schwierigkeiten, die ihm die Krankenhausbesuche bereiten, benennt er noch eine weitere Option und geht dabei hart mit sich selbst ins Ge-

- Wohnungsbesichtigung
- Gewissensbisse wegen Bogi

richt: »Vielleicht gabs für das alles aber auch eine viel einfachere Erklärung. Nämlich die, dass ich ein blödes, gefühlloses Arschloch war, das seinen Freund alleine ließ« (R 97 | K 103). Er erinnert sich an seinen letzten Besuch bei Bogi, bei dem er das Gefühl gehabt hat, letztlich nur ein »Andenken an zu Hause« (R 97 | K 103) zu sein – genauso wie der Teddybär in Bogis Bett. Auch an die Umarmung von Bogis Mutter im Krankenhausflur und ihren Appell an den Zusammenhalt in dieser schweren Zeit denkt Motte mit Unbehagen zurück.

Der junge Makler, der ihnen die Wohnung zeigt, ist Motte auf Anhieb unsympathisch. Die Wohnung selbst ist aber, wie Motte zugeben muss, eigentlich ganz schön und hat den klaren Vorteil, dass sein neues Zimmer direkt neben der Eingangstür liegen würde, sodass er von seiner Mutter unbemerkt direkt dorthin verschwinden könnte. Obwohl er seine Mutter momentan sehr anstrengend findet und ihr und ihren Gesprächsversuchen daher möglichst aus dem Weg geht, tut sie ihm leid, als er sie in dem leeren Zimmer stehen sieht, wie sie sich »wahrscheinlich ihr zukünftiges Leben vorzustellen versuchte« (R 101 | K 106).

■ Mitleid mit Mutter

9. Kapitel: Mitte Oktober (R 103–120 | K 108–126)

Kino-Desaster

Der Sonntag der Kino-Verabredung mit Jacqueline ist gekommen und Motte ist viel zu früh da. Aus Sorge, deswegen uncool wirken zu können, hält er sich vorerst hinter einer Litfaßsäule versteckt, um in dem Moment auf den Eingang zusteuern zu können, in dem auch Jacqueline auftaucht. Sein Plan des perfekten Auftritts wird jedoch davon durchkreuzt, dass Jacqueline nicht alleine zur Verabredung erscheint. Sie ist in Begleitung von Callum, einem Austauschschüler aus London, der in die Klasse ihres Bruders geht und derzeit bei Familie Schmiedebach wohnt. Motte ist wie vor den Kopf gestoßen: »Alles in mir war taub vor Enttäuschung« (R 111 | K 116). Nichtsdestotrotz versucht er gute Miene zum bösen Spiel zu machen und kauft notgedrungen nun drei Eintrittskarten. Die zusätzliche Karte lässt sein spärliches Taschengeld so sehr schmelzen, dass auch der Plan, Jacqueline nach dem Kino noch zu einem Crêpe einzuladen, zu scheitern droht. Doch Motte hofft noch, Callum nach dem Film loswerden und von ihm das Eintrittsgeld zurückbekommen zu können. Er schafft es gerade noch, die Sitzordnung im Kinosaal so zu arrangieren, dass er neben Jacqueline zu sitzen kommt. Der Film, *Bilitis*, »in dem es praktisch nur um Sex [geht]« (R 113 | K 118), nimmt Jacqueline so gefangen, dass sie Mottes ersten vorsichtigen Annäherungsversuch nicht bemerkt oder zumindest

Abb. 1: *Bilitis*, 1977 – © IMAGO / Ronald Grant

nicht erwidert. Als er sich ein Herz fasst und seine Hand auf ihre legt, zieht sie sie jedoch weg. Im nächsten Moment bemerkt Motte, dass Jacqueline Callum küsst. Konsterniert blickt er zunächst auf die Leinwand. »Als ob ich dem Augenblick die Gelegenheit geben wollte, seinen Fehler zu korrigieren. Das konnte schließlich nur ein Irrtum sein, alles fühlte sich so an, als hätte ich mich in der Tür geirrt.« (R 117 | K 123) Doch er muss erkennen, dass es kein Irrtum gewesen ist, und flüchtet Hals über Kopf aus dem Kinosaal. Beschämt rennt er in Richtung Wald davon.

Flucht

10. Kapitel: Anfang November (R 121–137 | K 127–144)

Das zehnte Kapitel umfasst einige Wochen, die Motte als »dumpf[]« (R 121 | K 127) beschreibt. Er ist niedergeschlagen wegen Jacqueline, zudem löst sich sein Zuhause weiter auf. Motte gibt zu, dass es ihn betroffen gemacht hat, zu sehen, wie sich seine Eltern endgültig voneinander verabschiedet haben (R 122 f. | K 129), äußert aber auch Unverständnis für ihre Situation: »Das sollte einer verstehen: Die schwiegen oder gifteten sich an, solange ich denken konnte, und in dem Moment, wo sie den anderen endlich loswurden, tat es ihnen plötzlich leid« (R 124 | K 130).

Niedergeschlagen und desinteressiert

Während Motte das Leben desinteressiert an sich vorbeiziehen lässt, muss sich Bogi einer Chemotherapie unterziehen. Walki und Jan schlagen vor, auf das Angebot von »Nazikragler« (R 125 | K 131) einzugehen, die eigene Sportnote durch eine Nachprüfung zu verbessern, da dies Unterhaltungspotential bieten könnte. Motte ist zwar nicht danach, er lässt sich aber von den anderen mitziehen. Diesem Ereignis vorgeschaltet ist eine Erinnerung Mottes an eine Episode aus dem Erdkundeunterricht, der ebenfalls von Herrn Kragler gegeben wird, in der dessen Brutalität nochmals deutlich wird. Von einem Schüler provoziert, ist Kragler handgreiflich geworden und im Nachgang für ein paar Wochen suspendiert worden. Dies erklärt zum einen, warum die Jungs Kragler eins auswischen wollen, zum anderen wird aber auch das Risiko deut-

Rache an Sportlehrer Kragler

lich, dem sie sich aussetzen, wenn sie sich mit ihm anlegen. Nichtdestotrotz teilt Walki Kragler mit überzeugender Ernsthaftigkeit mit, dass er »jetzt wirklich mal über [sich] selbst hinauswachsen« (R 129 | K 136) und seine Möglichkeiten ausschöpfen wolle. Da Walki ein schneller Läufer ist und Kragler die Chance wittert, sich in einer neuen Rekordzeit eines seiner Schüler sonnen zu können, willigt er in den vorgeschlagenen 5000-Meter-Lauf ein. Motte und Jan, die nur alibimäßig bei der Aktion mitmachen, geben bereits nach 2000 Metern auf, aber Walki läuft unter Kraglers ungläubigen Blicken zur Hochform auf. Kurz vor der Ziellinie bricht Walki seinen rekordverdächtigen Lauf plötzlich ab und lässt den konsternierten Sportlehrer, der Motte zufolge sein Foto schon in der Zeitung gesehen hat, auflaufen: »Denkst du, ich laufe hier Stadtrekord, damit du dir dadrauf einen runterholen kannst? Blödes Arschloch.« (R 136 | K 142 f.) und droht damit, ihn anzuzeigen, sollte er wieder handgreiflich werden. Motte traut seinen Ohren nicht und hat Angst vor Kraglers Reaktion, der schließlich jedoch stumm den Platz verlässt. In Mottes Gedanken ist nur ein Satz: »Walki hat den Kragler besiegt« (R 136 | K 143).

11. Kapitel: Anfang Dezember (R 138–161 | K 145–169)

Das Jahr geht langsam zu Ende – die Handlung macht einen Sprung von circa einem Monat. In diesem Kapitel ziehen Motte und seine Mutter um, Motte kifft zum ersten Mal und es kommt zum Wiedersehen mit Steffi.

Umzug

Motte steht am Fenster seines alten, nun leeren Zimmers und blickt hinaus auf die kahlen Bäume, in deren Ästen eine Amsel herumhüpft. Er denkt daran zurück, dass er bei seinem ersten Besuch bei Bogi durch dessen Zimmerfenster auch eine Amsel gesehen hat. Diese Erinnerung veranlasst ihn dazu, bei Schnellstiegs anzurufen und sich nach Bogi zu erkundigen. Dessen Mutter empfiehlt ihm, ihn doch einfach besuchen zu gehen. In seinem ausgeräumten Zimmer stehend fasst Motte seine Gefühlslage zusammen: »Ich war entweder gefrustet oder wütend oder beides. Nicht nur wegen der Jacquelinegeschichte. Auch wegen meinen bescheuerten Eltern. Und wegen Bogi natürlich« (R 140 | K 147). Es ärgert ihn, dass ihm niemand aufrichtig und klar sagt, wie es um Bogi steht, obwohl er es natürlich ahnt. Um die endgültige Ankunft in der neuen Wohnung noch ein wenig hinauszuzögern, lehnt Motte das Angebot seiner Mutter ab, ihn mit dem Auto mitzunehmen, und macht sich stattdessen mit dem Fahrrad auf den Weg. Eilig hat er es nicht, deswegen fährt er, begleitet von seinen Gedanken und einem Gefühl der inneren Leere, allerlei Umwege und kommt so am Volkspark vorbei. Dort trifft er seinen ehemaligen Mitschüler »Neandertal-Klaus« (R 142 | K 149), der ihm im Zuge eines wirren Gesprächs seinen Joint anbietet. Motte hat noch nie gekifft und hängt »rauschmäßig sowieso ziemlich hinterher« (R 144 | K 151), dennoch nimmt er an. Die Wirkung der Droge bleibt erstmal aus, entfaltet sich dann aber, als er wenig später in der Fußgängerzone einer Rollstuhl-Squaredance-Vorführung beiwohnt und von den Farben und der Musik völlig fasziniert ist. In diesem Zustand läuft ihm Steffi über den Weg, die die Lage gleich erfasst und ihm anbietet, ihn in Richtung seines neuen Zuhauses zu begleiten. Überrascht stellt Motte fest, wie wohl er sich in Steffis Nähe fühlt. Betört vom Kuchenduft, der aus einem auf dem Weg gelegenen Café strömt, fragt Motte, ob sie einen Kaffee mit ihm trinken wolle. Selbst nicht mehr wirklich handlungsfähig, ist er froh, dass Steffi beim Bestellprozess die Initiative ergreift. »Ich latschte ihr hinterher und dachte, wie schön es war, dass man Steffi nicht immer alles erklären musste, weil sie meistens schon verstand, was man wollte, bevor man es sagte. Vielleicht sogar, bevor man es selber wusste.« (R 156 | K 164) Beim Kuchen fragt Steffi Motte nach seinen Gefühlen in Bezug auf den Umzug und die Scheidung seiner Eltern. Für Motte ist es sehr ungewohnt, dass jemand solche Dinge einfach direkt anspricht. Er ist überfordert mit der Situation und möchte das Café verlassen. Geld hat Motte keins dabei, was sein Unbehagen noch vergrößert, da er ja eigentlich

■ Erster Joint

■ Wiedersehen mit Steffi

■ Ungewohnte Direktheit

eingeladen hat. Steffi bezahlt für sie beide und sie machen sich mit ihren Rädern auf den Heimweg. Motte versucht unbeholfen, die angespannte Situation ein wenig aufzulockern, was ansatzweise gelingt. Steffi sagt ihm – wiederum ganz direkt – dass sie ihn gernhat, und Motte fährt davon.

12. Kapitel: Mitte Februar (R 162–177 | K 170–186)

Die Handlung macht einen größeren Zeitsprung: Es sind zweieinhalb Monate vergangen. Seit einigen Tagen ist Bogi wieder zu Hause und die Freunde sehen sich in der Folge wieder täglich. Motte ist mittlerweile mit Steffi zusammen – mutmaßlich, so ganz genau weiß er das nicht.

■ Bogi wieder zu Hause

Motte fährt nun jeden Tag nach der Schule zu Bogi. Sie albern gemeinsam herum und oftmals ist es fast wie früher, doch immer wieder schleichen sich auch andere Gedanken in Mottes Kopf. Sosehr er sich freut, Bogi wieder in seinem Leben zu haben, manchmal ist es ihm auch zu viel und er sehnt sich nach etwas, »das nichts mit Krankheit und Tod und Bestimmt-wieder-gesund-werden zu tun hat[]« (R 166 | K 174). Auch erzählt er Bogi nichts von Steffi und spricht mit ihr wiederum nicht darüber, wie es seinem besten Freund geht. »Irgendwie bekam ich die beiden nicht zusammen.« (R 166 | K 175)

■ Freude und Überforderung

Ende März eröffnet ein neuer Plattenladen, »Rockworld«, in der Stadt, was für Motte und seine Freunde

■ Rockworld

ein Großereignis ist. Für Bogi wird es der erste größere Ausflug seit seiner Entlassung aus dem Krankenhaus. Doch bereits auf dem Weg dorthin geraten Motte und er in einen Streit. Auslöser ist eine scheinbar nichtige Stichelei Mottes über Bogis Musikgeschmack, doch es wird deutlich, dass es darum nur vordergründig geht. Motte ist irritiert und überfordert: »Wir hatten uns, glaube ich, noch nie gestritten und kannten uns damit nicht aus« (R 170 | K 179). Motte fühlt sich für Bogi verantwortlich und folgt diesem schließlich trotz kurzfristiger Fluchtgedanken in die Menschenmenge vor dem neuen Laden. Die Spannung zwischen den beiden löst sich auf, als Bogi an der Kasse stehend Mottes Blick auffängt. Auf Empfehlung seiner Lieblingskrankenschwester Merle hat er eine Platte ausgewählt, die auch Motte gut gefällt. Kurz darauf taucht Steffi auf und küsst Motte zur Begrüßung – was Motte zunächst unangenehm ist, da er es zum einen nicht mag, in der Öffentlichkeit Zärtlichkeiten auszutauschen, und zum anderen Bogi bislang nichts von Steffi erzählt hat. Angespannt beobachtet Motte Bogis Reaktion, der zunächst die Stirn runzelt, dann aber lächelt. »So, als ob er mir die Erlaubnis dazu gäbe, Steffi zu küssen. Nicht, dass ich die gebraucht hätte, aber irgendwie fühlte es sich doch gut an.« (R 172 | K 180)

Erster Streit

Alle Klassenkameraden und Freunde freuen sich, Bogi wiederzusehen, doch Motte erkennt auf ihren Gesichtern auch den Schrecken über das, was die Krankheit mit ihm gemacht hat. Was Motte allerdings auch registriert, ist, dass Steffi und Bogi sich gut verstehen und seine diffusen Sorgen diesbezüglich gänzlich unbegründet gewesen sind. Der Tag klingt gemeinsam mit Jan und Walki im Stadtpark aus. Beim Fußballspielen ist wieder dieses ambivalente Gefühl da: die Freude darüber, dass Bogi wieder bei ihnen ist, einerseits, die deutliche Wahrnehmung seines geschwächten Zustandes andererseits.

- Erste Begegnung Bogi und Steffi
- Freude und Schmerz

13. Kapitel: Ende Mai (R 178–191 | K 187–201)

Erneut macht die Handlung einen größeren Zeitsprung. Bogi ist wieder ins Krankenhaus gekommen, was Motte in die alte Hilflosigkeit zurückwirft. Am liebsten würde er die Nachricht von Bogis Einlieferung ungeschehen machen oder zumindest ignorieren, einfach in den Stadtpark fahren und den Frühling genießen oder sich mit Steffi betrinken. »Gleichzeitig wusste ich ganz genau, dass ich mich nicht drücken konnte und mich auf den Weg zu Bogi machen sollte.« (R 179 | K 188) Dort angekommen erfährt er von Bogis Mutter, dass seine starken Schmerzen die Rückkehr ins Krankenhaus unvermeidbar gemacht haben. Umso überraschter ist er, als er Bogi verhältnismäßig munter antrifft. Auf Bogis Wunsch hin besorgt Motte ihm Essen bei McDonald's und die beiden reden über alle möglichen Belanglosigkeiten, bis Bogi plötzlich auf die beiden Flaschen Amselfelder Rotwein zu sprechen kommt, die immer noch bei ihm zu Hause versteckt sind. Als Motte daraufhin von seinen mittlerweile

- Hilflosigkeit
- Verschlechterung des Gesundheitszustands

zahlreichen Rauscherfahrungen erzählt, wird deutlich, wie sehr sich ihre beiden Leben auseinanderentwickelt haben: Mottes Leben ist weitergegangen, Bogis verharrt. Nach dem Besuch im Krankenhaus fühlt Motte sich erschöpft und leer. Auf die Nachfragen von seiner Mutter und von Steffi reagiert er ausweichend. »[I]ch hatte keine Lust zu erzählen. Was denn auch? Bogi stirbt, und bevors so weit ist, hab ich ihm noch schnell ein paar Cheeseburger geholt?« (R 184 | K 193 f.)

Bewegung vs. Stillstand

Tatsächlich geht es Bogi nun schnell immer schlechter. Er spricht kaum noch, ist kraftlos. Bei seinem dritten Besuch nach Bogis Wiedereinlieferung wird Motte im Krankenhausflur von Herrn Schnellstieg abgefangen. Schnell wird klar, dass sich Bogis Zustand drastisch verschlechtert hat, auch wenn das zunächst niemand konkret ausspricht. Gemeinsam mit Bogis Vater steht Motte am Bett seines Freundes; dieser ist stark sediert und nicht mehr ansprechbar. Motte weiß nicht, wie er sich verhalten soll, und ist froh, als er den Raum wieder verlassen kann. Auf einmal geht der Herzalarm los und Motte sieht nur noch, wie mehrere Ärzte und Schwestern in Bogis Zimmer rennen. Ratlos und versteinert bleibt Motte im Flur sitzen. Als plötzlich alles ganz still wird, die Tür zu Bogis Zimmer wieder aufgeht und er sieht, wie die Vorhänge geöffnet werden, wird ihm endgültig klar, dass sein bester Freund gerade gestorben ist. Motte springt auf und rennt aus dem Gebäude.

Bogis Tod

Flucht aus dem Krankenhaus

14. Kapitel: Ende Mai, selber Tag (R 192–200 | K 202–210)

Wie die Kapitelüberschrift schon konstatiert, geht die Handlung nahtlos weiter. Motte steht unter Schock und ist völlig kopflos. Er weiß nicht, wohin mit sich, nur weiß er, dass er auf keinen Fall über das reden möchte, was gerade passiert ist. »Heute nicht und überhaupt niemals mehr.« (R 192 | K 202) Nach einem kurzen Stopp auf dem Spielplatz steuert Motte den Getränkeautomaten an der Bushaltestelle in der Nähe von Walkis Haus an und lässt sich ein Bier raus. Schließlich steigt er in den Bus in Richtung seiner alten Nachbarschaft. Gegenüber von Bogis Haus wartet er erst einmal beobachtend ab, um sicherzugehen, dass niemand da ist. In Gedanken Bogis Beschreibung folgend, findet er schließlich problemlos die beiden Flaschen Amselfelder neben dem Schuppen. Alles in diesem Garten ist für ihn mit Erinnerungen an gemeinsame Erlebnisse verbunden – die Hängematte, die auf der Rückseite der Garage aufgemalte Torwand … Auf dem Rückweg sieht er Bogis Eltern im Auto vorbeifahren und fragt sich, wie deren Leben jetzt wohl weitergehen wird. Was folgt in den Minuten und Stunden unmittelbar nach dem Tod des eigenen Sohnes? Auch an seinem alten Haus läuft Motte schließlich vorbei. »Ich nickte kurz, als ob ich mich endgültig verabschieden wollte, und ging weiter.« (R 198 | K 209) Einem plötzlichen Impuls folgend, dreht Motte dann aber nochmal um und klaut ein im

■ Amselfelder

■ Bekannte Wege ein letztes Mal

■ Fahrradklau

Garten stehendes Fahrrad. An der Holzbrücke im Ringwald öffnet Motte schließlich eine der Weinflaschen und trinkt auf Bogi.

15. Kapitel: Ende Mai, selber Tag (R 201–223 | K 211–234)

■ Besuch bei Meinhardt Vogt

Es ist immer noch derselbe Tag – Bogis Todestag – und Motte kommt, angeregt durch den Alkohol, auf die Idee, der schon seit längerem im Raum stehenden Einladung seines Sozialkundelehrers Meinhardt Vogt zu folgen. Er mutmaßt, dass dieser noch nichts von Bogis Tod wisse und er so nicht darüber zu sprechen brauche. Lehrer Vogt, der darauf besteht, von seinen Schülern geduzt und mit Vornamen angesprochen zu werden, ist dafür bekannt, freimütig mit Details aus seinem Privatleben umzugehen und auch gelegentlichen Affären mit Schülerinnen nicht abgeneigt zu sein. Als Meinhardt überrascht die Tür öffnet, merkt Motte zum einen, dass sein Lehrer noch betrunkener ist als er selbst, und zum anderen, dass er in einen Ehestreit geplatzt sein muss. Mangels Alternative ignoriert er dies aber und folgt dem Lehrer in dessen Arbeitszimmer. Sie trinken gemeinsam Bier und Meinhardt erzählt von seinen Eheproblemen. Motte interessiert das zwar nicht sonderlich, aber er bekommt zumindest die Ablenkung, nach der er gesucht hat: »Ablenkung davon, dass Bogi jetzt in der Kühlkammer lag« (R 205 | K 216). Der aktuelle Streit zwischen Meinhardt und seiner Frau Gitti dreht sich um eine Elftklässlerin, mit der Meinhardt sich auf der Klassenfahrt eingelassen hat. Motte belächelt den Sozialkundelehrer zwar für dessen ganze Art, sieht ihn aber – im Gegensatz zu Sportlehrer Kragler – als einen von den Guten. Als Meinhardt schließlich fragt, wie es Bogi gehe, antwortet Motte, dass er zwar noch im Krankenhaus sei, aber bald rauskomme. »Der Gedanke, dass man doch einfach so tun konnte, als sei das, was ich vor ein paar Stunden erlebt hatte, gar nicht geschehen, erleichterte mich.« (R 210 | K 221) Diesen Gedanken weiterspinnend, sinniert Motte über eine gemeinsame Interrail-Reise im Sommer. Plötzlich kommt Meinhardt auf die Idee, den Film anzuschauen, den er auf der letzten Klassenfahrt gedreht hat. Die Aufnahmen, die Motte zunächst widerwillig betrachtet, zeigen ihn und Bogi gemeinsam mit ihren Klassenkameraden beim Segeln an der Schlei. Die Bilder lösen bei ihm eine Gefühlsachterbahn aus. Auch wird er daran erinnert, wie er mit Bogi am Lagerfeuer gesessen hat und sie über die Zukunft gesprochen haben: Im Gegensatz zu ihm selbst hat Bogi schon damals genau gewusst, was er mal werden will, wie sein Leben aussehen soll. Motte versinkt in Erinnerungen an seinen besten Freund und kann es nicht fassen, dass die Bilder, die er dabei über die Leinwand flimmern sieht, erst etwas über ein Jahr alt sind. Er fragt sich, warum sie einander fast verloren hatten, als Bogi krank geworden ist, und gibt sich selbst die Antwort: »Weil ich nur damit beschäftigt war, dass ich mit seiner Krankheit nicht zurechtkam« (R 222 | K 234).

So tun als ob

Erinnerungen

16. Kapitel: Ende Mai, selber Tag (R 224–239 | K 235–251)

Wieder zurück auf der nächtlichen Straße will Motte immer noch nicht nach Hause und schlägt den Weg zum Freibad ein. Er klettert über den Zaun und macht sich auf den Weg zu den für die bevorstehende Saisoneröffnung bereits gefüllten Becken. Trotz seines großen Respekts vor der enormen Höhe klettert Motte schließlich die Leiter zum Zehnmeterbrett empor. Animiert von der nun geöffneten zweiten Flasche Amselfelder brüllt Motte in die Nacht hinaus und lauscht auf das Echo. Allerdings lenkt er damit auch die Aufmerksamkeit des Bademeisters auf sich, der mit einer Taschenlampe am Eingang steht und ihn eindringlich zum Runterkommen auffordert. Motte ist jedoch viel zu betrunken, um die Leiter wieder hinunterklettern zu können, und Springen kommt für ihn aufgrund seiner Angst vor der Höhe nicht in Frage. Beim Versuch sich aufzurichten muss er sich übergeben, der Bademeister kann gerade noch rechtzeitig zur Seite springen. Als der Bademeister realisiert, dass Motte praktisch dort oben festsitzt, klettert er kurzentschlossen zu ihm nach oben und die beiden kommen ins Gespräch. Motte überlässt dem Bademeister, der bei ihm und seinen Freunden den Spitznamen »Elvis« (R 229 | K 240) trägt, den restlichen Wein und am Ende singen sie gemeinsam ein paar Elvis-Hits. Auch über das Leben sprechen sie, ohne dass Motte sich bedrängt fühlt, was Motte dem Bademeister, der

■ Einbruch ins Freibad

■ Zehnmeterbrett

■ Gespräch mit ›Elvis‹

sich schließlich als Günter Reuser vorstellt, hoch anrechnet. »Mehr kann man manchmal nicht tun, finde ich. Nicht weiterfragen, aber dableiben.« (R 236 | K 248) Nach einem nahezu philosophischen Gespräch über Angst und Mut überkommt Motte das Bedürfnis, den Sprungturm in dieser Nacht nicht wie unzählige Male zuvor über die Leiter zu verlassen, und er findet sich plötzlich an der Kante des Bretts wieder. Am Boden des Beckens wird er von einer unvorstellbaren Traurigkeit überwältigt. »In diesem Moment wurde mir ganz klar, dass ich nie wieder ein Wort sprechen würde, weil das ganze Gequatsche daran nichts ändern würde. Und dass ich einfach nicht wusste, wie ich weiterleben sollte, ohne meinen besten Freund.« (R 239 | K 251)

Unendliche Traurigkeit

Entschluss

17. Kapitel: Sechs Wochen später, Mitte Juli (R 240–263 | K 252–276)

Das Kapitel handelt von Bogis Trauerfeier und Beisetzung. Rückblickend wird klar, dass Motte nach den Ereignissen im Freibad vorübergehend in einer psychiatrischen Klinik untergebracht worden und nach wie vor ambulant in Therapie ist. Tatsächlich spricht er nicht mehr und verständigt sich mit seinem Umfeld nur noch per Zettelchen. Seine Mutter findet es »kindisch« (R 242 | K 254), dass er nicht mehr spricht, und Steffi nennt ihn seitdem »Klapsmüller« (R 242 | K 255).

Therapie

Weigerung zu sprechen

Gemeinsam mit Steffi, Jan, Walki, seiner Mutter und deren neuem Freund Dieter sitzt Motte in der

Aussegnungshalle, betrachtet die Urne mit Bogis Asche und fühlt sich absurderweise an die Kaffeedose bei sich zu Hause erinnert. Motte hadert mit der Musikauswahl für die Trauerfeier – mit Ausnahme des *Beatles*-Songs »Blackbird« findet er, diese werfe ein falsches Licht auf Bogi (R 248 | K 261). Bogis Eltern brechen ihren Versuch, eine Trauerrede für ihren Sohn zu halten, von Tränen überwältigt ab, was Motte nur folgerichtig erscheint: »Aber dann dachte ich, dass dieses Nichthinkriegen eigentlich das Beste war, was man in dem Zusammenhang tun konnte. Ganz ehrlich, was gab es denn da auch groß zu sagen?« (R 250 | K 263). Da keiner so richtig weiß, wie es weitergehen soll, nachdem Bogis Eltern die Aussegnungshalle verlassen haben, ergreift Steffi die Initiative und bahnt sich mit ihrem Kassettenrecorder den Weg nach vorne. Nach ein paar Worten spielt sie zu Mottes Entsetzen ein Lied ab, das zwar tatsächlich eines von Bogis Lieblingsliedern gewesen ist, das er selbst aber mittlerweile peinlich findet. Doch schließlich erkennt er, dass es einzig und allein darum geht, dass es Bogi gefallen hat, und er beruhigt sich und kann einfach nur an seinen Freund denken. Draußen auf dem Friedhof positioniert sich Motte auf einer nahe dem Grab gelegenen Parkbank – weil er zwar alles mitbekommen, aber »auf keinen Fall Teil dieser Veranstaltung sein« (R 255 | K 268) möchte. Er verfolgt die Urnenbeisetzung, ist jedoch nicht dazu zu bewegen, ans Grab zu treten. Letztlich verweigert er sich den für eine Beisetzung üblichen Trauerritualen. Als er sieht, wie sei-

Bogis Trauerfeier

Steffi initiativ

Verweigerung

ne Mutter Bogis Mutter umarmt, wird es ihm endgültig zu viel und er läuft davon. Er schreitet durch die Gräberreihen und sinniert über Namen, Alter und Zeit, bis er schließlich von seinen Freunden abgeholt wird. Auf dem Weg zurück zu Bogis Grab bekommt Jan einen Tobsuchtsanfall und schreit herum. Es wird deutlich, dass Bogis Tod auch bei ihm Spuren hinterlassen hat. Auf der Bank sitzend teilen die Freunde einen Joint, auch Dieter kommt verlegen dazu. Schließlich holen sie den Kassettenrecorder hervor und lassen noch ein Lied für Bogi laufen. Als Jan und Walki sich verabschieden, bleiben Motte und Steffi zurück und trinken einen Kräuterlikör, den Steffi für alle Fälle mitgebracht hat. Sie beobachten, wie der Friedhofsgärtner Bogis Urnengrab zuschaufelt, und als Steffi Motte bittet, sie in den Arm zu nehmen, antwortet er mit einem krächzigen »Okee – eh« (R 263 | K 276) – sein erstes Wort seit sechs Wochen.

Erstes Wort

3. Figuren

Motte und seine Freunde

Motte (Morten Schumacher)

Ich-Erzähler

Morten Schumacher, genannt Motte, ist der Ich-Erzähler des Romans. Sein Name, Morten, ist die dänische Variante von Martin und scheint seine Mitmenschen vor Herausforderungen zu stellen. Es wirkt wie eine Art »Running-Gag« des Romans, dass sich niemand seinen Namen richtig merken kann: Neandertal-Klaus bleibt beim deutschen *Martin*, Meinhardt Vogts Frau Gitti begrüßt ihn mit *Jakob* und der Bademeister Günter Reuser alias Elvis hat gleich drei Alternativen parat: *Thorben, Holger* und *Torsten.*

Die Handlung beginnt circa zwei Monate vor Mottes sechzehntem Geburtstag. Über sein Äußeres verrät er nicht viel. Man erfährt, dass er sich die Haare wachsen lässt, nachdem ihm bei seinem letzten Friseurbesuch schlagartig klar geworden ist, dass er seinen bis dato immer gleichen Haarschnitt nicht mehr ertragen kann: »Ich hatte mich im Spiegel angesehen, und mir war klar gewesen, dass es unmöglich war, mich von Herrn Huhloh noch ein einziges Mal so zurichten zu lassen, wenn ich wenigstens die theoretische Chance haben wollte, jemals einem Mädchen näherzukommen« (R 106 | K 111 f.). Als er seinem Vater gegenübersteht, bemerkt er, dass er in den letzten Wochen gewachsen sein muss, da er diesen mittlerweile um einen halben Kopf überragt (R 46 | K 49). Außerdem hat er seiner Aussage zufolge eine große Nase (R 53 | K 57).

Abb. 2: Figurenkonstellation

Leidenschaft für Musik

Mottes große Leidenschaft ist Musik – er begeistert sich für Rockmusik, kennt sich in diesem Bereich gut aus und beurteilt seine Mitmenschen durchaus auch nach deren Musikgeschmack.

Er besucht die Klasse 10b des Brahms-Gymnasiums und führt bis zur Erschütterung, die sein Alltag durch Bogis Krebsdiagnose erfährt, ein normales Teenager-Leben. Er spielt Fußball, geht zur Mathenachhilfe, versucht seinen streitenden Eltern aus dem Weg zu gehen und verbringt seine Freizeit mit seinem besten Freund.

Erwachsene sind Motte altersgemäß häufig peinlich. Allen voran natürlich seine eigenen Eltern, aber zum Beispiel auch der Hausmeister seiner Schule, Herr Schaff, der sich eine überdimensionierte Gürtelschnalle mit der Aufschrift »Chef« zulegt, diese um ein »S« ergänzt und »mit vorgeschobenem Becken durch die Gänge vom Brahms [stolziert]« (R 13 | K 14 f.), oder sein Direktor, den er einmal »top gelaunt« (R 50 | K 54) aus einem Sexshop kommen sieht.

Angepasst und unauffällig

In der Schule fliegt Motte die meiste Zeit weitgehend unter dem Radar. Er verhält sich angepasst und unauffällig. So erkennt er beispielsweise zwar das Unrecht, das seinem Mitschüler geschieht, als dieser von Kragler im Unterricht verprügelt wird, unternimmt aber nichts dagegen, sondern zieht den Kopf ein und ist froh, dass es nicht ihn selbst getroffen hat (R 128 | K 134). Auch an dem Racheplan, den Walki und Jan gegen Kragler aushecken, ist er nicht aktiv beteiligt, sondern nur dabei und am Schluss selbst überrascht über den Ausgang (R 135 | K 142). Seine schulischen Leistungen scheinen weder besonders schlecht noch besonders gut zu sein. Er weiß allerdings die Schwächen seiner Lehrer durchaus für sich zu nutzen, wenn er zum Beispiel im Sozialkundeunterricht Meinhardt Vogts Monologe über sein Privatleben scheinbar aufmerksam verfolgt oder sich nach den Guppys von Physiklehrer Gallenkamp erkundigt und dafür jeweils eine Zwei in mündlicher Beteiligung bekommt (R 206, 15 | K 217, 17).

Auch dass er sich nicht dafür interessiert, wo er und seine Mutter in Zukunft wohnen werden, unterstreicht seine Passivität. »Ganz ehrlich, es war mir wirklich egal.« (R 58 | K 62) Schließlich geht er nur seiner Mutter zuliebe mit zur Wohnungsbesichtigung. Umso erstaunlicher ist es, dass er bezüglich seiner Verliebtheit in Jacqueline proaktiv agiert. Indem er ihr einen sehr persönlichen Brief schreibt, ergreift er die Initiative, weiß aber, dass er damit ein Risiko eingeht. Vor seinem eigenen Mut erschreckend, versucht er dann doch noch einmal die Übergabe des Briefes durch Walki zu stoppen, der ihm jedoch gut zuredet: »Der ist großartig, dein Brief. Weil ich spüre, dass er *aus deinem Herzen kommt!*« (R 84 | K 88). Mit Steffi kommt er schließlich zusammen, ohne dass er Eigeninitiative ergreifen muss. Sie tritt einfach in sein Leben, während er noch dabei ist, das Desaster mit Jacqueline zu verarbeiten. So ganz genau weiß er nicht, ab wann sie ein Paar sind, aber das ist ihm auch nicht so wichtig. »Sie war jetzt meine Freundin, glau-

Passivität

be ich. Geredet hatten wir darüber zwar nicht, aber musste man das?« (R 166 | K 174 f.) Die Beziehung zu Steffi ist nicht wie die Verliebtheit bei Jacqueline durch die ganz große Achterbahn der Gefühle gekennzeichnet, er tanzt nicht mit einer rosa Brille durchs Leben. Es gibt keine großen Gesten oder erste Dates, sie kommt auch ohne Etikettierung aus. Steffi wird zunehmend zu seinem Rückhalt in der um ihn herum zusammenbrechenden Welt. Sie ist auch in seiner Zeit in der Klinik für ihn da und akzeptiert seine Weigerung zu sprechen, auch wenn Motte weiß, dass es für sie schwierig ist (R 242 | K 254).

■ Rückhalt durch Steffi

Mit Bogi hat er zu Beginn der Romanhandlung gerade noch den ersten Rausch geplant – zwei Flaschen Rotwein warten versteckt hinter dem Schuppen auf ihren Einsatz nach der bevorstehenden Turnierfahrt –, als sein bisheriges Leben durch den Anruf von Herrn Schnellstieg eine jähe Zäsur erfährt. Ab diesem Moment ist Motte mit der für ihn kaum zu begreifenden Realität konfrontiert, dass Bogis Leben von einem Tag auf den anderen zum Stillstand gekommen ist und sich von nun an unaufhaltsam seinem Ende nähert, während Mottes Leben weitergeht, er neue Erfahrungen macht, neue Menschen kennenlernt, sich weiterentwickelt. Er hat schon bei seinem ersten Besuch im Krankenhaus das Gefühl, dass Bogi nicht mehr Teil seiner Welt ist, dass er nicht mehr dazugehört, isoliert ist (R 22 | K 24). Die Erwachsenen betonen die enorme Wichtigkeit des Gefühls der Zugehörigkeit, das die Freunde Bogi vermitteln sollen, aber Motte fragt

■ Zäsur: Bogis Krankheit

sich, wie das möglich sein soll: »Aber wie sollte das bitte schön gehen, das mit dem Dazugehören, wenn er den ganzen Tag über im Frotteepyjama in dem bekackten Giraffenzimmer rumlag, während wir draußen gerade unsere Welt umkrempelten? Das erklärte einem natürlich keiner« (R 22 | K 24). Dieses Gefühl bleibt bestehen. Da ihnen der gemeinsame Alltag abhandengekommen ist, Bogi ganz generell kaum Neues erlebt, haben sie plötzlich nichts mehr, worüber sie reden können. »Es war, als ob Bogis Leben durch die verschissene Scheißkrankheit stehen geblieben war, während es für mich weiterraste.« (R 97 | K 102)

Diese Diskrepanz zwischen den beiden Welten, dem Drinnen und dem Draußen, hält Motte so schlecht aus, dass er Bogi viel zu selten besucht. ›Eigentlich hätte ich letzte Woche schon hingehen sollen. Oder nein, nicht sollen natürlich, sondern wollen. Ich würde das nachholen. Heute, spätestens morgen.« (R 97 | K 102)

Scheidung der Eltern

Was die Scheidung seiner Eltern betrifft, gibt Motte sich die meiste Zeit Mühe, den Eindruck zu erwecken, sie kümmere ihn nicht weiter. »[O]b die beiden jetzt in einer gemeinsamen oder in zwei getrennten Wohnungen nicht miteinander redeten, war doch eigentlich egal. Mir jedenfalls.« (R 51 | K 55) Dennoch gibt es auch Hinweise darauf, dass ihn die Situation nicht ganz so kaltlässt, wie er vorgibt. So fällt es ihm zum Beispiel schwerer als vermutet, sein altes Zimmer zu verlassen (R 139 | K 146).

Umzug

Er verbalisiert die Veränderungen, die er an sich bemerkt: »Irgendwie fühlte sich mein ganzes Leben in letzter Zeit so an, als ob ein riesiges ›Aber‹ vom Himmel gefallen wäre. [...] Ich freute mich nicht mehr wie früher, wenn etwas schön war oder auch nur klappte, sondern dachte stattdessen nur noch darüber nach, dass es ja auch hätte schiefgehen können« (R 54 | K 57). In dieser Beobachtung zeigt sich exemplarisch die Verunsicherung, die Motte durch die Veränderungen in seinem Leben spürt. Bisherige Konstanten wie sein Elternhaus, seine gewohnte Umgebung und die Freundschaft zu Bogi brechen weg oder verändern sich. Motte ist wütend auf die Welt, sauer, sogar auf Bogi, der so plötzlich krank geworden ist. »Aber eigentlich war ich sauer auf ihn, weil ich mein altes Leben wiederhaben wollte, inklusive ihm, Bogi. Ich fand einfach, dass ich auch ohne den Mist schon genug um die Ohren hatte« (R 23 | K 25). Gleichzeitig hat er ein schlechtes Gewissen, weil er natürlich weiß, dass er nicht derjenige im Krankenhaus ist und er eigentlich keinen objektiven Grund hat, sich zu beschweren. Diese Ambivalenz ist für ihn schwer zu greifen, resultiert in Unsicherheit oder Aggression.

Verunsicherung

Hinzu kommen auch pubertätsbedingte Gefühlsschwankungen. »Wahnsinn, jetzt ging diese Flennerei wieder los. Passierte mir in letzter Zeit dauernd, ohne dass ich wusste, warum« (R 9 | K 10); »Aber bei mir war jetzt ein Schalter umgelegt worden. Das passierte neuerdings dauernd. Und das, was mir eben noch egal gewesen war, war von einem Moment auf den anderen nicht mehr auszuhalten« (R 107 | K 112). Motte ist in dieser Zeit voller Umbrüche auf sich gestellt. Mit seinen Eltern findet keine echte Kommunikation statt, auch mit Jan und Walki kann er nicht sprechen – weder über Bogis Krankheit noch über Jacqueline. Als er noch überlegt, ob es eine gute Idee gewesen ist, Walki den Brief für Jacqueline anzuvertrauen, formuliert er dieses Defizit: »Irgendwo in mir drin wusste ich aber auch, dass der Einzige, mit dem ich darüber wirklich hätte reden können und der mir hätte sagen können, was ich tun soll, gerade auf der Kinderstation vom Sankt Joseph lag und seinen Teddybär anstarrte« (R 84 | K 88). Da er letztlich allein bleibt mit seinen Problemen und Gedanken, ist er auch von Steffis direkten Fragen nach seinem Befinden überfordert. »Warum konnte ich nie sagen, was wirklich los war? Warum musste ich stattdessen ein anderes Problem erfinden, das es gar nicht gab?« (R 159 | K 167)

Zeit der Umbrüche

Bogis Tod markiert den Höhepunkt seiner Sprachlosigkeit. Er kann und will mit niemandem darüber reden, versucht sogar für einige Stunden die Tatsache zu ignorieren, dass sein bester Freund gestorben ist. Weil es ihm unmöglich erscheint, einfach weiterzumachen wie bisher, verstummt er schließlich vollständig (R 239 | K 251). Nach mehreren Wochen in ärztlicher Behandlung, einer Zeit, in der er sich nur per Zettelbotschaften verständigt hat, spricht er nach Bogis Beerdigung schließlich wieder ein erstes zaghaftes Wort (R 263 | K 276).

Endgültige Sprachlosigkeit

Bogi (Manfred Gunnar Schnellstieg)

Vorgegebene Richtung

Drei Dinge bestimmen die Ausrichtung von Bogis Leben laut Mottes Sicht auf die Welt von Anfang an: »Als er erst ein paar Tage auf der Welt gewesen war, hatte er schon Manfred geheißen und war evangelisch und Mitglied bei Bayern München gewesen. […] Im Großen und Ganzen war für Bogi nach kaum einer Woche schon klar gewesen, wohin die Reise ging« (R 25 f. | K 27 f.). Bogi ist Mottes bester Freund und heißt mit vollem Namen Manfred Gunnar Schnellstieg.

Spitzname

Seinen Spitznamen hat er, seit ein Mitschüler den Vornamen des Schauspielers *Humphrey* Bogart mit *Man-*

Abb. 3: Humphrey Bogart, 1940

fred verwechselt hat (R 7 | K 7). Da Bogi die sechste Klasse übersprungen hat, ist er ein Jahr jünger als Motte und deswegen mit seiner Krebserkrankung auch auf der Kinderstation. Bogi hat eine jüngere Schwester namens Anette, die als handelnde Figur im Roman aber keine Rolle spielt.

Befreundet sind Bogi und Motte, seit Bogi sich in der Grundschule an Karneval als ausgelaufene Batterie verkleidet hat (R 37 | K 39). Motte bezeichnet Bogi als »nicht gerade geschmackssicher« (R 27 | K 29), was er mit der Erinnerung an einen gemeinsamen Restaurantbesuch mit seinen Eltern belegt, für den sich Bogi extra schick machen wollte und in einem Trainingsanzug aus Ballonseide aufgetaucht ist. Auch haben die beiden einen unterschiedlichen Musikgeschmack, was immer mal wieder zu kleineren Sticheleien, auf Bogis letztem größeren Ausflug zur Eröffnung des »Rockworld«-Plattenladens sogar zu ihrem ersten Streit führt. Bogi teilt mit Motte die Freude an lustigen, interessanten, schönen oder für sie beide einfach nur neuen Wörtern, die sie dann in ihren aktiven Wortschatz übernehmen oder für Wortspiele nutzen. »Bogi war der Einzige gewesen, mit dem ich dieses Wörterzeug hatte machen können. Auch weil ich immer schon wusste, was er dachte, bevor er was sagte. Und umgekehrt war das, glaube ich, auch so.« (R 80 f. | K 84)

Unterschiedlicher Musikgeschmack

Gemeinsame Freude an Wörtern

Im Gegensatz zu Motte weiß Bogi schon genau, was er einmal werden möchte. Er kennt sich sehr gut mit Tieren und Pflanzen aus und möchte Biologe wer-

Zukunftspläne

den und auf Expeditionen gehen. »Bogi konnte sich total begeistern, wenn er sich das vorstellte, und wahrscheinlich war ich eifersüchtig gewesen, dass er so viel zielstrebiger war als ich« (R 221 | K 232), erinnert sich Motte.

Bogi schwärmt für Krankenschwester Merle. Im Gegensatz zu Motte, dessen Leben weitergeht, während Bogi im Krankenhaus letztlich isoliert ist, kann er die ersten Erfahrungen des Erwachsenwerdens nicht machen – der erste Rausch, die erste Freundin… Er stirbt mit 15 Jahren an Krebs.

■ Stirbt an Krebs

Steffi (Stefanie Fuchs)

■ Grundschulbekanntschaft

■ Schornsteinfegerlehre

■ Heugabelnarben

Motte und Steffi kennen sich aus der Grundschule und treffen sich zufällig wieder, als Steffi, die eine Schornsteinfegerlehre macht, bei den Schumachers den Kamin reinigt. Zunächst erkennt Motte sie nicht, aber dann erinnert er sich, dass sie »die Kleine mit den schiefen Zähnen« (R 60 | K 64) ist, die in der Grundschule von einem Baum in eine unter Laub verborgene Heugabel gesprungen ist, deren Zinken im Krankenhaus operativ aus ihr entfernt werden mussten. Motte kommt sich in Steffis Gegenwart »ziemlich kindisch« (R 61 | K 65) vor, da sie schon arbeitet, während er noch die Schule besucht. Als Gymnasiast hat er bislang die Realschüler immer eher von oben herab betrachtet, was ihm nun merkwürdig vorkommt. Nach diesem unerwarteten Wiedersehen ergreift Steffi die Initiative und schreibt Motte eine Postkarte.

Darüber freut der sich zwar, da er aber zu dieser Zeit nur Augen für Jacqueline hat, unternimmt er seinerseits nichts, um mit Steffi in Kontakt zu treten. Als sie sich schließlich wiedersehen, stellt Motte überrascht zwei Dinge fest: dass er sich in Steffis Nähe wohlfühlt und dass sie ziemlich gut aussieht (R 154 | K 162). Steffi hat feine Antennen für die Gefühlslage und die Bedürfnisse anderer (»wie schön es war, dass man Steffi nicht immer alles erklären musste, weil sie meistens schon verstand, was man wollte, bevor man es sagte. Vielleicht sogar, bevor man es selber wusste«, R 156 | K 164), und ganz im Gegensatz zum Kommunikationsverhalten, das Motte aus seiner Familie kennt, hat sie keine Scheu, die Dinge direkt anzusprechen. »Macht dir das eigentlich viel aus? Ich meine, dass deine Eltern sich scheiden lassen und so und dass ihr jetzt umgezogen seid?« (R 157 | K 165) Sie lässt Mottes ausweichendes Verhalten nicht durchgehen und insistiert (»Nee, nix da, weiß auch nicht, jetzt sag mal«, R 158 | K 166), weiß aber auch ganz genau, wann keine Worte nötig sind (R 251 f. | K 264). Steffi übernimmt die Initiative, wenn Motte handlungsunfähig ist – sei es bei ihrem Café-Besuch, bei dem Motte unter dem Einfluss des Joints steht, oder bei Bogis Trauerfeier, als niemand so richtig weiß, wie es weitergehen soll, nachdem Bogis Eltern den Raum verlassen mussten. »Das war das Tolle an Steffi. Sie wusste, worum es ging« (R 253 | K 266), stellt Motte fest. Sie ist in vielerlei Hinsicht das Gegenstück zu ihm selbst – sie ist offen, direkt, kommunikativ, fast immer fröhlich,

Offen, direkt, kommunikativ

selbstsicher und unkompliziert –, gemeinsam haben die beiden ihre Vorliebe für Wörter und Wortspiele (R 96, 160 | K 102, 168). Auch wenn Motte unfähig ist, mit Steffi über Bogi zu sprechen, entwickelt sie sich immer mehr zu einer starken Stütze für ihn. Sie ist auch in der besonders schweren Zeit nach Bogis Tod für ihn da und bietet ihm Rückhalt.

Äußeres

Mottes Beschreibung zufolge ist Steffi nach wie vor sehr klein (»Vielleicht war sie, seit sie in der dritten Klasse in die Heugabel gesprungen war, nicht mehr gewachsen«, R 152 | K 160), was gegen Ende der Handlung präzisiert wird, indem ihre Größe mit 1,58 m angegeben wird (R 236 | K 247). Sie hat eine leicht hervorstehende Unterlippe und Grübchen sowie nach hinten stehende Schneidezähne, »das Gegenteil von Hasenzähnen, falls es das gibt« (R 62 | K 66). Ihre Haarfarbe bezeichnet Steffi selbst als »falb« (R 155 | K 163) – wie die Pferdefarbe.

Neben ihrer Schornsteinfegerlehre kellnert sie noch in der »Umleitung« (R 175 | K 184), der örtlichen Kneipe.

Walki (Detlef Walkenhorst)

Walki, der eigentlich Detlef heißt, aber nur von seinen Lehrern so genannt wird, gehört zusammen mit Jan zu den engeren Freunden von Motte und Bogi. Er ist fast einen Meter neunzig groß, hat rote Locken, sehr helle Haut und zahlreiche Sommersprossen, was ihm einmal die abwertende Bezeichnung »Kalkfresse«

(R 30 | K 32) eingebracht hat. Mit seinen Eltern und drei Geschwistern lebt er in einer Hochhaussiedlung. Er kifft sehr viel (wovon ihn auch die Tatsache, dass sein Vater Polizist ist, nicht abhält), und macht aufgrund seines älteren Bruders auch schon vor Motte Erfahrungen mit Alkohol. Nichtsdestotrotz ist er ein exzellenter Läufer, was ihm die Gelegenheit zur Rache an Sportlehrer Kragler bietet. Dieser hat die Antipathie, die er gegen Walkis älteren Bruder Ludger hegt, auf den Jüngeren übertragen und dem kleinen Walki bereits an seinem ersten Schultag auf dem Gymnasium gedroht: »Solange ich hier Lehrer bin, machst du kein Abitur, mein Freund« (R 126 | K 133). Da Walki weiß, dass Kragler sich gerne mit den sportlichen Erfolgen seiner Schüler schmückt, läuft er eine neue Rekordzeit, bricht den Lauf aber kurz vor der Ziellinie ab und sagt Kragler, was er von ihm hält: »Halt die Fresse, du Nazischwein. Denkst du, ich laufe hier Stadtrekord, damit du dir dadrauf einen runterholen kannst? Blödes Arschloch« (R 136 | K 142 f.). Walki lässt Kragler auflaufen und wird von seinen Freunden frenetisch dafür gefeiert. Wie viel Mut und Kraft ihn das gekostet hat, zeigt sich, als er danach fast zusammenbricht (R 136 f. | K 143 f.). Ähnlich wie Motte ist Walki von der Situation mit Bogi überfordert: »Walki […] versuchte, unterm Radar durchzufliegen, und hoffte, dass ihn keiner auf Bogi ansprach« (R 140 | K 148).

Kiffer

Guter Läufer

Erzfeind Kragler

Jan Borowka

Jan ist eine der wenigen Figuren, die keinen Spitznamen haben. Mutmaßlich liegt dies an der Kürze seines Vornamens. Mottes Analyse zufolge versucht er die Tatsache, dass bei ihm im Gegensatz zu Walki der pubertätsbedingte Wachstumsschub ausgeblieben ist, damit zu kompensieren, dass er selbstgedrehte Zigaretten raucht und in Cowboystiefeln rumläuft, »als ob er nicht nur zwei, sondern vier Eier in der Hose hätte« (R 30 | K 33). Jan macht Judo und ist ziemlich muskulös. Auch wenn die Freunde nie darüber reden, was ihre Eltern beruflich machen (»Irgendwie hatte man das Gefühl, in unserer Stadt arbeiteten die meisten in irgendwelchen Büros, aber was genau die da machten, keine Ahnung, es wäre auch keiner von uns ernsthaft auf die Idee gekommen, danach zu fragen«, R 31 | K 33), ist klar, dass Jan aus ärmeren Verhältnissen kommt als die anderen. Er lebt in einer Siedlung in der Nordstadt, deren Häuser Motte als »Baracken« (R 31 | K 33) beschreibt. Bei seinem ersten Besuch dort habe er sich vor dem Geruch in der Wohnung geekelt (R 32 | K 34). Seine Mutter scheint Jan peinlich zu sein, vor seinem Vater hingegen hat er mindestens großen Respekt. Auffällig ist, dass Jan im Gegensatz zu Motte und Walki nicht verlegen auf Bogis Anblick im Krankenhausbett reagiert, sondern einen flotten Spruch nach dem nächsten klopft und so Bogi ein Gefühl von Normalität vermittelt: »Na, du Behindi! Hehehe, ein Vollhorst ist das, der Bogi! Hängt der hier im Kran-

■ Kompensation

■ Aus ärmeren Verhältnissen

■ Sprücheklopfer

kenhaus rum!« (R 30 | K 32). Mit seiner nach außen hin lockeren Art, seiner großen Klappe und seinem betont lässigen Habitus kaschiert er allerdings seine wahren Gefühle. Bogis Krankheit geht ihm sehr nahe, was man daran erkennen kann, dass er ihn als Einziger regelmäßig im Krankenhaus besucht (R 140 | K 148). Auf Bogis Trauerfeier ist er es, der als Erstes in Tränen ausbricht, und als er auf dem Friedhof anfängt rumzuschreien und gegen alte Blumenkränze zu treten, kommentiert Motte, dass Jan »schon wieder« (R 259 | K 272) einen seiner Ausraster hat, was dem Leser vor Augen führt, wie es in Jans Innerem wirklich aussieht, obwohl er »in letzter Zeit immer so abgeklärt getan hatte« (R 245 | K 258).

Eltern

Frau Schumacher

Der Vorname von Mottes Mutter wird im Roman nicht genannt. Auch sonst sind wenig »Fakten« über sie bekannt, da Motte sie nicht näher vorstellt und nach eigenen Angaben zum Beispiel auch gar nicht weiß, was seine Eltern und die seiner Freunde beruflich eigentlich genau machen. Es interessiert ihn aber auch nicht, er hat seine eigenen Themen und Probleme (R 31 | K 33). Motte bleibt nach der Trennung seiner Eltern bei seiner Mutter und sie ziehen zu zweit in eine neue, kleinere Wohnung in einem anderen Stadtteil.

Im Gegensatz zu ihrem Ex-Mann versucht Frau Schumacher nach der Scheidung mit ihrem Sohn Gespräche zu führen – darüber, wie es ihm wegen Bogi gehe, wie er sich seine Zukunft vorstelle oder auch über Sex. Motte ist darüber entsetzt. In der Folge versucht er, ihr so gut es geht auszuweichen und flüchtet sich immer direkt in sein Zimmer, wenn er nach Hause kommt. »Ich hatte das Gefühl, meine Eltern, vor allem meine Mutter, warteten nur darauf, mir jetzt ein Problem anhängen zu können, weil sie sich scheiden ließen.« (R 51 | K 54 f.) Nichtsdestotrotz empfindet Motte auch Mitleid mit seiner Mutter. Er erkennt ihre Traurigkeit und hat ein schlechtes Gewissen, weil er beispielsweise ihrer Suche nach einer neuen Wohnung mit Desinteresse begegnet und ihr aus dem Weg zu gehen versucht. »Immer wieder das gleiche Spiel, ich schlich durch die Küche rein und versuchte unbemerkt am Wohnzimmer vorbeizukommen. Aber diesmal war meine Mutter schneller […]. Sie sah traurig aus. Das war eigentlich das, was mich am meisten fertigmachte. […] Eigentlich wollte ich auch gar nicht ihr, sondern nur ihrer blöden Traurigkeit aus dem Weg gehen.« (R 57 f. | K 61) Steffi hat den Eindruck, seine Mutter sei »total neben der Spur« (R 157 | K 165) und auch Motte erkennt bei der Wohnungsbesichtigung ihre Verlorenheit, als er sie in den leeren Räumen stehen sieht und wie sie sich dabei »wahrscheinlich ihr zukünftiges Leben vorzustellen versucht[]« (R 101 | K 106). Im Verlauf der weiteren Handlung scheint Frau Schumacher ihr neues Leben aktiv in die

Motte: Genervtheit und Mitleid

Verlorenheit

Neues Leben

Hand zu nehmen: Sie beginnt mit Yoga und lernt Dieter kennen, der schließlich bei ihnen einzieht.

Wie wohl die meisten Mütter ihren Teenagersöhnen ist auch Frau Schumacher ihrem Sohn manchmal peinlich, zum Beispiel, wenn sie ihn vor fremden Leuten Motte nennt oder Handwerkern immer gleich Trinkgeld zusteckt.

Herr Schumacher

Gerhard Schumacher, Mottes Vater, kommt im Roman nicht gut weg. Schon auf der ersten Seite berichtet Motte, dass sich sein bisheriges Leben in Auflösung befindet, da sein Vater auszieht. Gemeinsam mit seiner neuen Lebensgefährtin Claudia Hunger-Löper zieht er in »irgendein Nest, in dem ich noch nicht mal tot überm Zaun hätte hängen wollen« (R 5 | K 5 f.), so Mottes Urteil. Vor einiger Zeit hat er seinen Job verloren, was Motte insofern irritiert, als dass sein Vater immer den Eindruck vermittelt hat, er sei der Chef der Firma. Um was für eine Firma es sich handelt, wird nicht gesagt, deutlich wird jedoch, dass Herr Schumacher einiges an seinem Image gelegen ist. So ist es auch nicht verwunderlich, dass er mit dem Mercedes das repräsentativere der beiden Familienautos mit in sein neues Leben nimmt (auf dessen Rücksitz eine Tasche mit Golfequipment liegt, obwohl Herr Schumacher aufgrund eines Sehfehlers gar nicht Golf spielen kann). Nach außen hin versucht er seine Arbeitslosigkeit zu verbergen, indem er nach wie vor

■ Neue Lebensgefährtin

■ Arbeitslos

■ Schein wahren

jeden Morgen mit seiner Aktentasche bewaffnet und in eine Rasierwasserwolke eingehüllt das Haus verlässt (R 94 f. | K 100). Gerhard Schumacher bezeichnet sich selbst als »frankophil« (R 46 | K 49), was sich in Mottes Darstellung allerdings nur durch die Vorliebe für französischen Kräuterlikör widerspiegelt. Außerdem ist er großer Elvis-Fan (R 235 | K 246).

Herr Schumacher wird mittlerweile von seinem Sohn um einen halben Kopf überragt, hat eine Glatze und ein zunehmend von Falten gezeichnetes Gesicht. »Es war für mich vollkommen unvorstellbar, selbst mal so alt und ledrig zu werden wie er« (R 48 | K 51), stellt Motte befremdet fest, als er seinen Vater beobachtet.

Die Beziehung von Vater und Sohn ist durch auffällige Sprachlosigkeit gekennzeichnet. Beide können wenig mit dem jeweils anderen anfangen. »Ich weiß gar nicht, ob wir uns überhaupt schon mal anders über den Weg gelaufen waren als zufällig« (R 45 | K 48), sagt Motte über das Verhältnis zu seinem Vater. Auch über die bevorstehende Scheidung, seinen Auszug und die Veränderungen, die all dies für Motte bedeutet, kommt kein Gespräch zustande. »Deine Mutter hat dir das ja alles erklärt –« (R 46 | K 50) Dennoch treffen sie sich nach Herrn Schumachers Auszug regelmäßig in Restaurants, wie Motte einmal beiläufig erwähnt. »Ich war jetzt auch einer von seinen Terminen.« (R 121 | K 128) Auch steckt sein Vater ihm immer wieder Geld zu (R 172 | K 181).

■ Distanziertes Verhältnis

Frau Schnellstieg

Petra Schnellstieg ist Bogis Mutter. Sie informiert Motte über Bogis Einlieferung ins Krankenhaus, erklärt ihm auch detailliert, was ein Non-Hodgkin-Lymphom ist, kann aber erst auf mehrmaliges Nachfragen aussprechen, dass es sich dabei um eine mit hoher Wahrscheinlichkeit tödliche Krebserkrankung handelt (R 23 f. | K 25). Ihr ist sehr daran gelegen, dass die Freundschaft zwischen Motte und ihrem Sohn während dessen Zeit im Krankenhaus aufrechterhalten bleibt. Immer wieder versucht sie Motte deutlich zu machen, dass sie alle gemeinsam für Bogi da sein müssen. »Sie hatte mich am Arm festgehalten und mich die ganze Zeit über so komisch angestarrt und mir einen Vortrag darüber gehalten, wie wichtig ich jetzt für Bogi sei.« (R 97 f. | K 103) Motte ist das extrem unangenehm, da er weiß, dass er Bogi viel zu selten besucht. Für wie wichtig sie die Freundschaft zwischen den beiden einschätzt und wie sehr sie Motte auch vertraut, zeigt sich darin, dass sie ihm trotz ihrer großen Sorge erlaubt, mit Bogi kleine Ausflüge zu machen, als dieser zwischenzeitlich zu Hause ist.

■ Verzweifelte Mutter

■ Kämpft für Bogi

Frau Schnellstieg verändert sich durch die Krankheit ihres Sohnes. Die Sorge um ihren Sohn sowie die viele Zeit im Krankenhaus lassen ihr Gesicht bleich werden und die Augen dunkler hervortreten (R 97 | K 103), auf der anderen Seite wirkt sie auf einmal viel energischer als früher, wenn sie mit den Krankenschwestern über komplexe medizinische Fragen spricht

■ Veränderung

(R 179 | K 189). Bogis Tod ändert natürlich alles im Leben der Familie Schnellstieg. Ihren Versuch, gemeinsam mit ihrem Mann eine Trauerrede für ihren Sohn zu halten, muss sie von einem Weinkrampf geschüttelt abbrechen. Später am Grab nimmt sie apathisch die Beileidsbekundungen entgegen. »Ich glaube, das war das Traurigste, was ich jemals gesehen habe« (R 257 | K 270), sagt Motte.

Herr Schnellstieg

Überforderung

Liebevoll und fürsorglich

Dieter Schnellstieg unternimmt den ersten Versuch, Motte von Bogis Einlieferung ins Krankenhaus zu erzählen, ist mit der Situation aber überfordert und findet nicht die richtigen Worte. Schließlich gibt er den Telefonhörer hilflos an seine Frau weiter. Herr Schnellstieg trägt beige Cordhausschuhe mit zahnfleischfarbener Sohle (R 8 | K 9) und isst gerne Leberwurstbrot. An seinen Sohn gibt er die Liebe zum FC Bayern München weiter, unmittelbar nach seiner Geburt ist dieser bereits Mitglied im Verein. »Bei den Schnellstiegs war das genetisch.« (R 25 | K 27) Herr Schnellstieg bringt Bogi ins Krankenhaus regelmäßig eine Fußballzeitung mit und ist auch sonst viel für ihn da. Er hat einen liebevollen und fürsorglichen Umgang mit seinem Sohn. Bogis Tod raubt auch ihm sämtliche Lebensgeister. »Er sah aus wie ein Dummy« (R 197 | K 208), beschreibt Motte, als er ihn neben seiner Frau auf dem Beifahrersitz ihres Autos sieht. Es kostet ihn große Kraft, bei der Trauerfeier seines Sohnes zu sprechen. Er spricht leise, macht lange Pausen zwischen den Sätzen, bricht immer wieder ab und fängt neu an. Es wird deutlich, wie schwer es ihm fällt, über den Tod seines Sohnes zu sprechen. Motte findet Herrn Schnellstiegs »Gestammel« (R 250 | K 263) nur folgerichtig: »Aber dann dachte ich, dass dieses Nichthinkriegen eigentlich das Beste war, was man in dem Zusammenhang tun konnte. Ganz ehrlich, was gab es denn da auch groß zu sagen?« (R 250 | K 263).

Auch wenn über Herrn Schnellstieg im Roman nicht viel bekannt wird, wird dennoch deutlich, dass er im Gegensatz zu Mottes abwesendem und emotional unzugänglichen Vater seinem Sohn ein liebevoller Vater ist. Am Ende trägt er selbst die Urne mit Bogis Asche zu Grabe.

Lehrerinnen und Lehrer

Horst Kragler (Sport und Geografie)

Oberstudienrat Horst Kragler ist der Schrecken aller Schüler. Er ist das Paradebeispiel eines gewalttätigen, autoritären Lehrers alter Schule, ein Nazi, in dessen Unterricht ein militärischer Umgangston samt entsprechendem Vokabular herrscht. In Mottes Klasse unterrichtet er Geografie und Sport, gerade Letzteres gibt ihm die Möglichkeit, sich als harten Drillmeister zu inszenieren. »›So, Freunde, Körperschule!‹, brüllte er, und wir mussten uns dann erst mal in einer Reihe nebeneinander aufstellen und diesen ganzen Militär-

- Sadistisch und autoritär
- Militärischer Umgangston

scheiß machen.« (R16 | K18) In seinem Erdkundeunterricht arbeitet er mit der Karte des Deutschen Reichs aus dem Jahr 1937 und zeigt so deutlich, dass er die Abtrennung ehemals deutscher Hoheitsgebiete nach dem Zweiten Weltkrieg und deren Zuerkennung zu Polen nicht akzeptiert. Die deutsche Ostgrenze wurde in der DDR bereits 1950 als offizielle deutsch-polnische Grenze anerkannt, in der BRD erst 20 Jahre später – was jedoch nicht für Kragler gilt. »Kragler wollte unbedingt wieder nach Schlesien zurück, wenn ich das richtig verstanden hatte. Oder Schlesien sollte zu ihm kommen. Zu uns, keine Ahnung. Kragler wollte es sich wiederholen, mit unserer Hilfe« (R18 | K19), erzählt Motte, ohne die Zusammenhänge und Hintergründe wirklich zu verstehen.

Kragler verhält sich seinen Schülern gegenüber herablassend, beleidigend und gnadenlos. Für einen Schüler, der sich in seinem Sportunterricht schwer verletzt, hat er aufgrund von dessen Übergewicht und Unsportlichkeit nur Verachtung übrig (R16 f. | K18). Er hat keine Impulskontrolle und agiert geradezu sadistisch, »er suchte sich immer mal wieder einen aus, den er dann über Wochen fertigmachte« (R126 f. | K133). Gegenüber einem Schüler, der sich dagegen mit einem provokanten Lied wehrt, wird Kragler handgreiflich. Er rastet aus und verprügelt den Schüler vor der gesamten Klasse. Motte beschreibt das unerträgliche Gefühl von Schock und Angst bei gleichzeitiger Erleichterung darüber, dass Kraglers Aggressionen einen anderen getroffen haben (R127 f. | K134).

Gewalttätig

Konsequenzen

Solche Episoden haben durchaus Konsequenzen für Kragler – er wird vorübergehend vom Unterricht suspendiert –, scheinen ihn aber nicht wirklich zu tangieren beziehungsweise zu einer Verhaltensänderung zu führen. Sobald er wieder da ist, macht er so weiter wie zuvor (R 128 | K 135). Deswegen nutzen Jan und Walki auch die sich ihnen bietende Gelegenheit zur Rache. Kraglers Geltungs- und Profilierungsdrang, gerade was sportliche Erfolge angeht, ist der Ausgangspunkt für ihren Plan, ihn auflaufen zu lassen. Als Walki, den Kragler einfach nur, weil er auch schon dessen Bruder nicht gemocht hat, aus tiefster Seele hasst, vermeintlich einen neuen Rekord im 5000-Meter-Lauf aufstellt, sieht Kragler schon die ruhmreichen Schlagzeilen vor sich (R 135 | K 142). Als er erkennt, dass Walki nie vorgehabt hat, sich als neues »Wunderkind aus Kraglers Rekordschmiede« (R 134 | K 141) instrumentalisieren zu lassen, sieht Motte schon das Blut fließen (R 136 | K 143), aber Walki droht damit, Kragler anzuzeigen, und so zieht dieser tatsächlich geschlagen von dannen. Kurz vor Bogis Tod scheint es dem Direktor dann auch endgültig mit Kraglers Ausbrüchen zu reichen und er wird an eine andere Schule versetzt. »So, wie er uns das in der letzten Erdkundestunde verkündet hatte, klang es, als ob er Karriere machen würde, aber alle wussten, dass es mit seinem Prügeln und so zu tun hatte.« (R 184 f. | K 194) An seinem letzten Schultag beobachten Jan und Motte, wie er – ein Häuflein Elend – mit seiner Aktentasche und einem Pappkarton voll Habseligkeiten in seinem Auto sitzt und auf die Schule starrt. »Als er endlich losgefahren war, sein Gesicht knallrot, hätte ich schwören können, dass er heulte.« (R185 | K195)

Frau Standfuss (Deutsch)

Lieblingslehrerin

Frau Standfuss ist Mottes Deutsch- und Lieblingslehrerin. Mottes Beschreibung, sie sei »so in Ordnung, wie man es als Lehrer überhaupt nur sein konnte« (R72 | K75), kommt einem Ritterschlag gleich. Sie wird nicht nur von Motte, sondern auch von seinen Klassenkameraden respektiert und sehr geschätzt – sowohl für ihre nette Art mit Schülern umzugehen, als auch für ihren Humor. Ihre menschliche Art zeigt sich auch daran, dass sie – Mottes Einschätzung zufolge – die Tricks der Schüler (zum Beispiel im Unterricht trotz geistiger Abwesenheit interessiert zu wirken) zwar durchschaut, aber nicht ahndet, da sie damit sympathisiert, sich gar selbst ein paar davon zugelegt hat, um den Alltag zu überstehen (R79 | K83). Auch lässt sie Schüler mit falschen Antworten nicht vor allen runterlaufen. Von Kollegen oder dem Hausmeister lässt sie sich nichts sagen, sie ruht auf eine selbstbewusste Art in sich selbst (R77 | K80). Frau Standfuss ist »steinalt« (R72 | K75), starke Raucherin und auch dem Alkohol nicht abgeneigt. Am liebsten trinkt sie Rotwein von Jacques' Weindepot und ist auch schon mal betrunken zum Unterricht erschienen (R81 | K85). In ihrer alten Ledertasche, die die Jungs ihr im Flur gerne mal abnehmen, was wiederum ihre Beliebtheit zeigt, trägt sie stets eine Thermoskanne Tee mit sich herum, ihr Markenzeichen sind ihre knallrot geschminkten Lippen (R 77 | K 81). Sie weiß, dass Motte Wörter mag, und streut im Unterricht immer wieder besondere Ausdrücke ein, die ihm gefallen und seinen Wortschatz erweitern (»Inkommodieren […] vermaledeit«, R 73 | K 76). Motte gefällt ihre Literaturauswahl für den Unterricht, besonders begeistert ist Motte außerdem davon, dass Frau Standfuss trotz ihres Alters gerne die »Sesamstraße« (R 81 | K 85) guckt.

Markenzeichen Lippenstift

»Wörterverbündete«

Meinhardt Vogt

Meinhardt Vogt ist Sozialkundelehrer, Mitglied bei der SPD, »bestimmt schon vierzig« (R 208 | K 219) und trägt zu seinem Schnauzbart die Frisur, »die alle hatten, die mal langhaarig gewesen und jetzt zu feige waren, weiter so rumzulaufen. […] Halbes Ohr frei und so, Mittelscheitel« (R 208 | K 219). Er gibt sich als Lebemann, zelebriert seine Leidenschaft für Italien, die Musik, den Wein. Er bezeichnet sich außerdem als »Cineast« (R 215 | K 226) und nimmt alle Klassenfahrten auf Super-8-Film auf, beim Vorführen unterlegt mit der immer gleichen Musik. Gemeinsam mit seiner Frau Gitti hat Meinhardt mehrere Kinder, wie viele genau, ist Motte unbekannt (R 214 | K 225).

Italienfan und Filmenthusiast

Schülern gegenüber inszeniert er sich gerne als Kumpeltyp, ist dabei aber so aufdringlich und distanzlos, dass er nicht ernst genommen wird. Er nötigt ih-

Jovial und distanzlos

nen das »Du« auf und erzählt im Unterricht allerlei Privates – zum Beispiel über die Verhütungsmethoden seiner Frau Gitti (R 202 | K 212). Auch intime Kontakte mit Schülerinnen stellen für ihn keine Grenze dar. Grundsätzlich ist Treue beziehungsweise Monogamie nichts für ihn, weswegen er seine Frau schon häufig betrogen hat, sich ihr gegenüber aber damit rechtfertigt, ihr von Anfang an gesagt zu haben, er sei kein »Stubentiger« (R 206 | K 216). Die Beschreibung Mottes, wie Meinhardt in seinem Auto laut den Song »Born to be wild« hört und an der Ampel den Sekretärinnen zuzwinkert, unterstreicht seine geradezu lächerlich wirkende Selbstinszenierung als freiheitsliebender Schürzenjäger (R 206 | K 217). Er merkt auch, dass die Schüler über ihn lachen, das scheint aber an ihm abzuprallen (R 209 | K 220). Seinem Selbstverständnis nach hat er ein »Open House« (R 201 | K 211), in dem jeder allzeit willkommen ist, in der Realität sind die Schüler von der ständigen Wiederholung seiner Einladung jedoch eher abgeschreckt (R 201 | K 211). Als Motte nach Bogis Tod nicht weiß, wohin mit sich, kommt ihm dieses Angebot jedoch gerade recht. Dass Meinhardts Zuhause aber eher kein Ort zum Wohlfühlen ist, wird durch Mottes Beschreibungen des Hauses als »Muffbude« (R 206 | K 216) deutlich. Motte erkennt die Widersprüchlichkeiten in Meinhardts Charakter: Er spricht über Freiheit, während er in einem dunklen, engen Haus sitzt und mit seiner Frau streitet (R 206 | K 216); er sieht sich als sozialen, geselligen Menschen, spricht aber am liebsten über sich selbst (R 201 | K 212);

■ Schürzenjäger

■ »Open House«

■ Widersprüchlichkeit

er legt Wert darauf, Dinge antiautoritär zu regeln, ist dann aber doch sehr bestimmend (R 215 | K 226).

Obwohl Motte Meinhardt als selbstverliebten Egozentriker wahrnimmt und ihn belächelt, fällt seine Gesamtbewertung dennoch positiv aus: »Er war gut im Nehmen, das musste man sagen. Und er haute keinen in die Pfanne. Er war kein Schwein, wie Kragler [...]. Viel hatte ich noch nicht gelernt, aber dass es grundsätzlich eine richtige Seite gab, auf der man stehen konnte, und eine falsche, das schon. Und Meinhardt war auf der richtigen« (R 209 | K 220). Das zeigt sich auch daran, dass Meinhardt, der von Motte im Glauben gelassen wird, Bogi befinde sich auf dem Weg der Besserung, verspricht, sich bei der Lehrerkonferenz für ihn einzusetzen.

Auf der richtigen Seite

Mottes Fazit zu seinen Lehrern lautet folgendermaßen: »Es gab offenbar nur die Netten, wie Meinhardt, die brüllten einen nicht an, waren dann aber auch sonst wie Pudding, und auf der anderen Seite die Brüllaffen wie Kragler mit ihrer Kommandosprache. Irgendwas dazwischen konnte anscheinend nur Frau Standfuss« (R 228 | K 240).

Fazit Lehrer

Im Roman erwähnt Motte noch zahlreiche weitere Figuren aus dem Schulkontext wie die Biologielehrerin Frau Strobel, den Physiklehrer Herrn Gallenkamp und den Musiklehrer Herrn Ärmeling, den Direktor und den Hausmeister seiner Schule sowie verschiedene Mitschüler. Diese tauchen in Mottes Rückblicken und Schulanekdoten auf, spielen als handelnde Figuren aber keine tragenden Rollen.

Weitere Nebenfiguren

Jacqueline Schmiedebach

Erste Verliebtheit

Jacqueline ist das Mädchen, das Mottes Welt von einem Tag auf den anderen auf den Kopf stellt. Als sie eines Tages mit ihrem Fahrrad zufällig an ihm vorbeifährt, ist es sofort um ihn geschehen: »Es hatte überall gekribbelt, und dann hatte das Kribbeln einen Namen bekommen« (R 38 | K 40). Jan erzählt ihm, dass sie das benachbarte Einstein-Gymnasium besucht und wie sie beide auch in die 10. Klasse geht. Jacqueline spielt Tennis, hat strohblonde Haare und eine sehr aufrechte Haltung, was Motte als Erstes an ihr auffällt. Sie wohnt auf der anderen Seite des Flusses, weswegen sie mit der Fähre zur Schule kommt. Am Fähranleger wartet Motte dann auch auf sie, um ihr wie zufällig begegnen zu können. Jacqueline beherrscht Mottes Gedanken und lässt alles andere in den Hintergrund rücken, selbst Bogis Krankheit. »Ich dachte an Jacqueline Schmiedebach, und im nächsten Moment hatte ich dann schon wieder ein schlechtes Gewissen, dass ich nur noch an sie dachte und überhaupt nicht mehr an Bogi. [...] Obwohl, ganz ehrlich? Ich dachte eigentlich nur noch an Jacqueline.« (R 56 f. | K 60) An seinem 16. Geburtstag fasst Motte sich ein Herz und schreibt Jacqueline einen Brief – ermutigt durch ihr Lächeln, mit dem sie ihn am Fähranleger bedacht hat. Nach ihrem ersten gemeinsamen Nachmittag geht Motte fast schon davon aus, dass sie von nun an fest zusammen sind, traut sich aber nicht, Jacqueline danach zu fragen (R 92 | K 96). Dass Jacqueline ganz anders über die Verbindung zu Motte denkt, zeigt sich nachfolgend an der Kino-Verabredung, die Motte im Vorfeld komplett durchgeplant hat, zu der Jacqueline aber überraschenderweise einen anderen Jungen mitbringt – Callum, den Austauschschüler ihres Bruders. Mottes zaghafte Annäherungsversuche während des Films blockt sie ab, um kurz darauf Callum zu küssen. Motte muss schmerzhaft erfahren, dass sie seine Gefühle nicht erwidert und wohl nur mit ihm gespielt hat. Obwohl es im Vorfeld Hinweise in diese Richtung gegeben hat: »›Du bist lustig‹, hatte sie gerufen. So ganz sicher war ich mir nicht gewesen, was das zu bedeuten hatte. Da war eine leise, aber nicht überhörbare Stimme in mir gewesen, die meinte: nichts Gutes« (R 104 | K 109).

Erste Enttäuschung

Nach Mottes Flucht aus dem Kino spielt Jacqueline als handelnde Figur im Roman keine Rolle mehr, auch wenn er noch lange braucht, um über sie und die Scham, die er aufgrund der Ereignisse empfindet, hinwegzukommen.

Neandertal-Klaus

Klaus geht wie Motte auf das Brahms-Gymnasium, war zwischenzeitlich mal in seiner Klasse, ist nun aber einen Jahrgang unter ihm. Die beiden haben nicht viel miteinander zu tun, Motte weiß nur, dass er der »Häuptling« (R 142 | K 150) der Raucher ist und alle

Schuldealer

großen Respekt vor ihm haben. Er ist der Dealer der Schule und es gibt Gerüchte, er habe im Ringwald eine geheime Marihuana-Plantage angelegt, was Motte enorm spannend findet. Seinen Spitznamen hat Klaus, da er aus Haan bei Düsseldorf hergezogen ist und bei seiner Vorstellung in der Klasse das nahegelegene Neandertal erwähnt hat. Mit Klaus, den er zufällig im Stadtpark trifft, raucht Motte seinen ersten Joint.

Günter Reuser (Elvis)

Bademeister und Elvis-Imitator

Günter Reuser ist der Bademeister des örtlichen Freibads. Wegen seiner Frisur (schwarze, nach hinten gekämmte Haare und buschige Koteletten) und seiner Pilotensonnenbrille mit goldenem Rahmen wird er von Motte und seinen Freunden Elvis genannt, was ihm schmeichelt, als er davon hört. Im nächtlichen Gespräch der beiden auf dem Sprungturm stellt sich heraus, dass er tatsächlich großer Elvis-Fan ist und sogar als Imitator auftritt – was sein Erscheinungsbild erklärt. Reuser trägt bei der Arbeit im Freibad (zu) kurze Hosen, dazu Adiletten und an besonders heißen Tagen eine Kapitänsmütze. Bisher ist Motte ihm wegen seiner autoritären Art den jugendlichen Badegästen gegenüber immer aus dem Weg gegangen, was angesichts Reusers erster Reaktion, als er den nächtlichen Eindringling bemerkt, auch nachvollziehbar erscheint: »Ich glaubs ja nicht. Bald ein Uhr nachts. Das interessiert natürlich keinen. […] Jaja, ihr Arschlöcher. Wer holt denn den Penner hier vom Turm, wenn nor-

Abb. 4: Elvis Presley, 1970 – © IMAGO / United Archives International

male Leute im Bett liegen?« (R 232 | K 244). Reuser stellt sich schließlich aber als einfühlsamer und verständnisvoller heraus, als der erste Eindruck vermuten lässt. »Läuft gerade nicht so rund bei dir, oder?« (R 236 | K 248) Eine große Aufmerksamkeitsspanne beziehungsweise ein gutes Namensgedächtnis hat er zwar nicht – er nennt Motte wahlweise Thorben, Holger oder Torsten –, aber er hat ein Gespür für die Situation und merkt, dass sich mit Druck nichts erreichen lässt. Obwohl Motte sich immer noch ein bisschen über ihn und seine Art amüsiert, ist er beeindruckt von dem, was Günter ihm in Bezug auf sein ambivalentes Verhältnis zum Zehnmeterbrett mit auf den Weg gibt: »Dass man Angst hat, bedeutet ja nicht, dass mans nicht machen kann. Nur weil irgendein

Idiot mal in die Welt gesetzt hat, dass man keine Angst haben darf. [...] Und es kann doch sein, dass es viel mutiger ist, was trotzdem zu tun, auch wenn man Angst davor hat« (R 237 f. | K 249 f.). Motte muss trotz seines angeschlagenen Zustands anerkennen, dass ihm in all der Zeit, mit Ausnahme von Steffi, wohl niemand so etwas Vernünftiges gesagt hat (R 238 | K 250). Mit seiner Frau kommt Reuser zu Bogis Beisetzung und zwinkert Motte aufmunternd zu. Trotz der Nebenrolle, die er in der Romanhandlung spielt, stellt er ein positives Beispiel für eine erwachsene Bezugs- und Vertrauensfigur dar, wie Motte es von seinem eigenen Vater und auch von anderen Erwachsenen nicht kennt. Indem er von seinen eigenen Ängsten erzählt, die er bei seinen ersten Auftritten als Elvis-Imitator verspürt hat, zuhört, ohne Motte auszufragen und einfach nur eine Weile mit ihm auf dem Sprungturm sitzt, zeigt er sich nahbar und menschlich.

■ Nahbar und menschlich

Dieter

■ Neuer Freund der Mutter

Dieter ist der neue Freund von Frau Schumacher und Mottes Urteil zufolge »in Ordnung« (R 243 | K 255), zudem ist er froh, dass seine Mutter nun nicht mehr allein ist und sich jemand um sie kümmert (R 243 | K 255). Allerdings macht es Motte wahnsinnig, dass er die Angewohnheit hat, in Halbsätzen zu sprechen. »Dieter. Bitte. Sprich. Den Satz. Zu Ende.« (R 261 | K 274)

■ Halbe Sätze

Im Gegensatz zu Mottes Vater versucht Dieter Motte beizustehen und begleitet ihn und seine Freunde zu Bogis Beerdigung. Gerne hätte er dort eines von Steffis mitgebrachten Underberg-Fläschchen geleert, lässt es aber nach einem strafenden Blick von Frau Schumacher bleiben. Als die Freunde sich auf der Bank bei Bogis Grab einen Joint teilen, kommt Dieter dazu, was Motte zunächst ziemlich aufregt (R 260 | K 273). Zur großen Überraschung der Jugendlichen will er aber eigentlich nur etwas abbekommen und zieht glücklich von dannen, als Jan ihm ein paar Reste überlässt.

4. Form und literarische Technik

Gattung

Coming-of-Age-Roman

Die meisten Rezensionen klassifizieren *Blackbird* als Entwicklungs- beziehungsweise Coming-of-Age-Roman. Der Begriff Coming-of-Age bedeutet übersetzt Erwachsenwerden oder Heranwachsen. Romane oder Filme, die als Coming-of-Age-Geschichte bezeichnet werden, thematisieren die Entwicklung eines meist noch jungen und unerfahrenen Protagonisten, der sich zum ersten Mal in seinem Leben mit den grundsätzlichen Fragen der menschlichen Existenz konfrontiert sieht. *Blackbird* als Coming-of-Age-Roman zu bezeichnen hat also durchaus seine Berechtigung, wenn man die Hauptfiguren – allen voran natürlich Motte – und ihre Themen betrachtet. »[D]er Roman [gibt] Einblicke in die labile Entwicklungsphase der Adoleszenz und fächert ein breites thematisches Spektrum im Kontext des Erwachsenwerdens auf: erste Liebe und erotische Erfahrungen, Einfluss der Schule, familiäre und soziale Verhältnisse, Freunde, Peergroup und Populärkultur, respektive Musik.«[3] *Blackbird* ist ein Roman über Initiationsmomente, über eine Zeit des Übergangs, auch ein Roman über das Scheitern. Am Ende des Romans sind die Figuren natürlich noch

Phase des Übergangs

3 Liane Schüller, »Learn to fly all your life. Matthias Brandts Entwicklungsroman *Blackbird*«, in: *Literaturkritik.de* (27. 11. 2019), https://literaturkritik.de/public/rezension.php?rez_id=26279 (Stand: 5. 10. 2023).

nicht vollständig erwachsen, aber sie haben erste Konfrontationen mit den gewichtigen Themen und Aspekten des Lebens hinter sich. Sie haben Dinge erlebt, die ihr weiteres Leben, ihre Art, Beziehungen zu führen und auf die Zukunft zu blicken, beeinflussen werden. Die Orientierung in dieser Phase des Lebens werde über Schmerzen erkauft, konstatiert Brandt.[4]

Aufbau

Der Roman besteht aus 17 Kapiteln unterschiedlicher Länge. Allen Kapiteln ist eine Angabe des Monats vorangestellt, in welchem sich das Erzählte ereignet, sodass sich mitverfolgen lässt, wie viel Zeit auf der Ebene der Handlung jeweils vergeht. Das erste Kapitel beginnt Mitte August mit dem Anruf von Bogis Vater bei Motte und der Nachricht, dass Bogi im Krankenhaus ist, das letzte endet Mitte Juli des Folgejahres mit Bogis Beisetzung. Der Handlungsbogen der Erzählgegenwart erstreckt sich also über die Zeit von Bogis plötzlicher Erkrankung bis hin zu seinem Tod. Mit diesem Grundgerüst verflochten sind weitere Handlungsstränge, die das Hauptthema des Romans – die unerträgliche Gleichzeitigkeit von konträren Ereignissen und Gefühlen – auch auf der strukturellen Ebene abbilden. Während Bogi im Krankenhaus liegt, geht Mottes Leben weiter; einerseits mit ganz Alltäglichem wie dem Schulbesuch oder dem Genervtsein

■ Durch das Jahr

■ Gleichzeitigkeit konträrer Gefühle

4 Vgl. Porombka (s. Anm. 1).

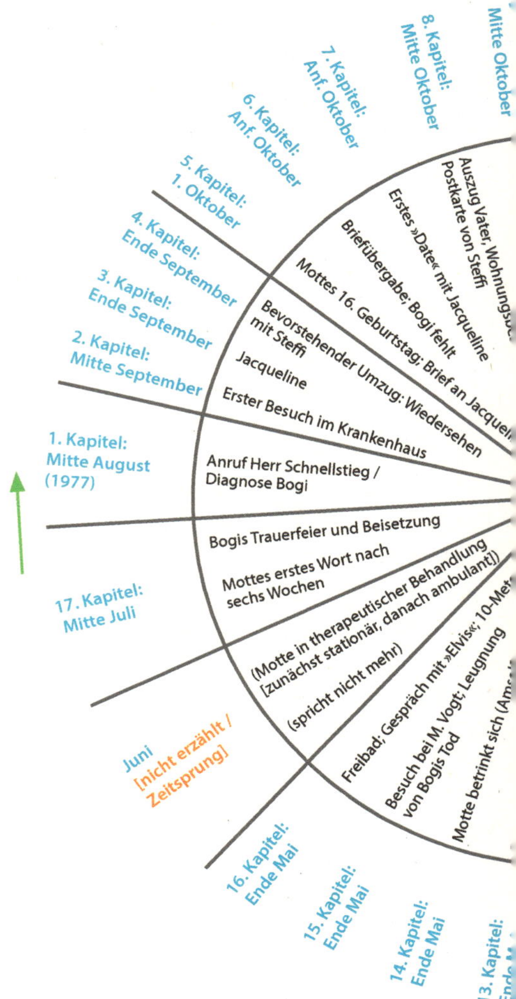
Mitte Oktober
8. Kapitel: Mitte Oktober
7. Kapitel: Anf. Oktober
6. Kapitel: Anf. Oktober
5. Kapitel: 1. Oktober
4. Kapitel: Ende September
3. Kapitel: Ende September
2. Kapitel: Mitte September
1. Kapitel: Mitte August (1977)
17. Kapitel: Mitte Juli
Juni
[nicht erzählt / Zeitsprung]
16. Kapitel: Ende Mai
15. Kapitel: Ende Mai
14. Kapitel: Ende Mai
13. Kapitel:
Postkarte von Steffi
Erstes »Date« mit Jacqueline
Briefübergabe; Bogi fehlt
Mottes 16. Geburtstag; Brief an Jacqueli
Bevorstehender Umzug: Wiedersehen mit Steffi
Jacqueline
Erster Besuch im Krankenhaus
Anruf Herr Schnellstieg / Diagnose Bogi
Bogis Trauerfeier und Beisetzung
Mottes erstes Wort nach sechs Wochen
(Motte in therapeutischer Behandlung [zunächst stationär, danach ambulant])
(spricht nicht mehr)
Freibad; Gespräch mit »Elvis«; 10-Met
Besuch bei M. Vogt; Leugnung von Bogis Tod
Motte betrinkt sich (Ams

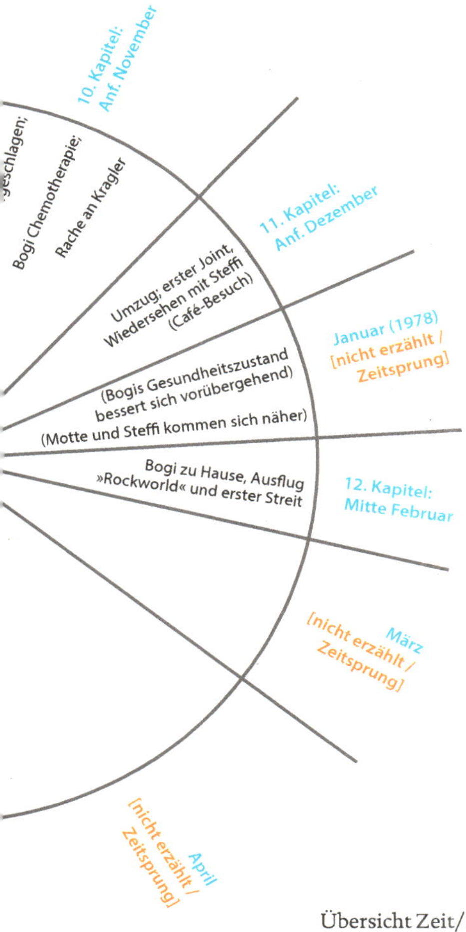

Abb. 5:
Übersicht Zeit/Handlungsschritte
(»Jahreskreis«)

von der Mutter, andererseits mit existenziellen Erschütterungen wie der ersten Liebe, neuen Erfahrungen (erster Kontakt mit Alkohol und Drogen) oder umfassenden Veränderungen des bisher Gewohnten (Trennung der Eltern, Umzug). Und über all dem schwebt der drohende Tod Bogis und Mottes Versuch damit umzugehen oder zumindest temporär klarzukommen. Zusätzlich zu diesen elf ereignisreichen Monaten im Leben des jugendlichen Protagonisten sind immer wieder Rückblenden eingestreut, die die Ereignisse in der Erzählgegenwart nachvollziehbar machen beziehungsweise ergänzende Erläuterungen enthalten und somit Zusammenhänge herstellen. So zeigen zum Beispiel Mottes Erinnerungen an die erste Begegnung mit Bogi oder andere gemeinsame Momente die Tiefe ihrer beider Freundschaft, was erst den Kontrast zu seinem gegenwärtigen Verhalten Bogi gegenüber deutlich werden lässt (zum Beispiel R 7, 37, v. a. auch 217–222 | K 7, 39, v. a. auch 228–234). Weitere Beispiele für solche Kontext generierenden Rückblicke sind Mottes Erzählungen rund um den sadistischen Sportlehrer Kragler (R 16 f., 126–129 | K 18 f., 132–135) – durch diese wird erst nachvollziehbar, warum bei den Freunden, allen voran Walki, so ein dringendes Bedürfnis nach Rache vorhanden ist – oder auch die Erinnerung an Steffis Heugabelunfall bei ihrem unvermuteten Wiedersehen (R 60 f. | K 64 f.) sowie die vielen in der Vergangenheit liegenden Situationen, in denen deutlich wird, welche Bedeutung Musik für Mottes Leben hat.

■ Rückblenden

Eine Sonderstellung nimmt das Kapitel fünf ein: Zum einen ist es das einzige Kapitel, das ein genaues Datum und nicht nur eine ungefähre Zeitangabe enthält, zum anderen hebt es sich auch bezüglich des Layouts vom Rest des Buches ab. Das fünfte Kapitel enthält Mottes Brief an Jacqueline, verfasst an seinem 16. Geburtstag am ersten Oktober, inklusive durchgestrichener Passagen und Rechtschreibfehler. Diesen Brief zu verfassen kostet Motte unheimlich viel Mut. Die verschiedenen Entwicklungsstufen und Umformulierungen, die sich durch die Entscheidung des Autors, den Text als handschriftlichen abzubilden, nachvollziehen lassen, verdeutlichen nochmals, wo Motte gerade mit seinen Gedanken ist: Er ist verliebt, er denkt ununterbrochen an Jacqueline und eben nicht an Bogi, seinen besten Freund im Krankenhaus. »Ich dachte an Jacqueline Schmiedebach, und im nächsten Moment hatte ich dann schon wieder ein schlechtes Gewissen, dass ich nur noch an sie dachte und überhaupt nicht mehr an Bogi. Wie er da gestanden hatte hinter seinem Krankenhausfenster. Obwohl, ganz ehrlich? Ich dachte eigentlich nur noch an Jacqueline.« (R 56 f. | K 60)

Sonderstellung

Erzähltechnik und Sprache

Erzählform

Ich-Erzähler	• gehört der Figurenwelt an • erzählt eine Geschichte, die er selbst erlebt hat
Er-/Sie-Erzähler	• ist nicht Teil der Figurenwelt • erzählt eine Geschichte, in die er selbst nicht direkt involviert ist

■ Protagonist = Ich-Erzähler

Matthias Brandt hat sich in *Blackbird* für einen Ich-Erzähler entschieden. Der Protagonist des Romans erzählt das Geschehen aus seiner eigenen Sicht. Da Motte scheinbar im Moment des Erlebens und nicht mit zeitlichem Abstand zu den Ereignissen erzählt – von den oben erwähnten Rückblicken abgesehen –, weiß er nicht mehr als der Leser und verfügt nur in Bezug auf sich selbst über Innensicht. In die Köpfe seiner Freunde kann er als personaler Erzähler nicht blicken, wie es einem auktorialen Erzähler möglich wäre. Man kann nur mutmaßen, wie es Bogi in all der Zeit geht, was in Jacqueline vorgeht oder wie Mottes Vater auf seinen Sohn blickt. Der Leser verfolgt das Geschehen aus der Sicht Mottes. Dieser ist kein objektiver, außenstehender Erzähler. Dementsprechend erfährt der Leser nur die Dinge, die Motte auch preisgeben möchte. Es sind seine Erinnerungen und Reaktionen auf Ereignisse, seine Gedanken und Gefühle. Häufig kommentiert er das Erlebte und Gefühlte unmittelbar, sodass die Kongruenz zwischen erlebendem und erzählendem Ich deutlich wird. »Jetzt hat sich gerade alles verändert« (R 10 | K 11), denkt Motte nach dem Anruf der Schnellstiegs zu Beginn der Handlung. »Okay, ist jetzt auch mal gut damit« (R 12 | K 13), ruft er sich selbst zur Räson, als er recht ausführlich von seinem Furz-Gespräch mit Bogi berichtet hat. »Ein Wahnsinn, das alles« (R 83 | K 87), kommentiert er seinen labilen Gemütszustand rund um die Briefübergabe an Jacqueline. Als er das letzte Mal im Wohnzimmer seines ehemaligen Elternhauses steht und sich umguckt, sagt er: »Ich müsste doch jetzt irgendwas fühlen, dachte ich nur. Statt wirklich was zu fühlen« (R 141 | K 148).

Erlebendes und erzählendes Ich

Auktoriales Erzählverhalten	• überblickt das gesamte Geschehen (allwissender Erzählerstandort) • kennt die Gedanken und Gefühle der Figuren • greift mit Rückblicken oder Vorausdeutungen in das Geschehen ein und leitet den Leser
Personales Erzählverhalten	• übernimmt die Sicht einer der handelnden Figuren • Darstellung ist beschränkt darauf, was diese Figur wissen, sehen, hören oder fühlen kann • Leser erlebt das Geschehen unmittelbar aus der Sicht dieser Figur
Neutrales Erzählverhalten	• unbeteiligter Beobachter • erzählt distanziert und objektiv, keine Wertungen und Einmischungen • konzentriert sich auf äußerlich wahrnehmbare Vorgänge (schildert Gedanken und Empfindungen von Figuren nur, soweit sie für einen außenstehenden Beobachter erkennbar sind)

Motte ist es auch, der den Leser mit den anderen Figuren bekannt macht und durch den Roman leitet. Er entscheidet, was er überhaupt erzählt und welche Gespräche oder Ereignisse er im Gegenzug unberücksichtigt lässt. So ist zum Beispiel nicht letztgültig nachvollziehbar, wie oft Motte Bogi nun eigentlich im Krankenhaus besucht hat. Auch von seiner Zeit in der psychiatrischen Klinik erzählt er kaum etwas (R 242 | K 254 f.). Die subjektive Färbung des Erzählten ist bei einem personalen Ich-Erzähler folglich stets im Hinterkopf zu behalten. Es ist Mottes Version der Geschichte. Da es aber ja genau darum geht, wie er sich in dieser Phase seines Lebens fühlt, wie er mit all dem umgeht, das auf ihn einstürzt, ist größtmögliche Objektivität auch nicht das relevante Kriterium.

■ Subjektive Färbung des Erzählten

Zur Wahl der Perspektive befragt, beschreibt Brandt, dass er beim Schreiben ausprobiere und spüre, was richtig sei und funktioniere. Durch die Schauspielerei sei er daran gewöhnt, sich in andere hineinzuversetzen, daher fühle er sich als Adressat Mottes – dieser erzähle ihm, während er schreibe.[5]

■ Mottes Sprache

■ Bildhaft und hyperbolisch

Betrachtet man die Art und Weise, wie Motte erzählt, in welchen Worten er sein Erleben zum Ausdruck bringt, fallen vor allem seine vielen bildhaften Vergleiche und Metaphern auf: Den Zustand seines Gehirns vergleicht er beispielsweise mit einem von gefällten Bäumen verstopften Fluss, der mit einer Ladung Sprengstoff wieder frei gemacht werden muss

5 Vgl. Porombka (s. Anm. 1).

(R 29 | K 31); Jan stolziert in seinen Cowboystiefeln herum, »als ob er nicht nur zwei, sondern vier Eier in der Hose hätte« (R 30 | K 33); ein Kackhaufen bliebe ein Kackhaufen, auch wenn man ihn bunt anmalen würde – genauso verhalte es sich mit den neu angestrichenen Wohnbaracken in Jans Siedlung (R 31 | K 33 f.); in seinem Liebeskummer wegen Jacqueline wird Motte von seinen Freunden mitgeschleppt wie ein verletztes Gnu von seiner Herde (R 121 | K 127). Als Motte erfährt, dass Bogi wieder ins Krankenhaus gekommen ist, überlegt er, ob es nicht eine Möglichkeit gäbe, diese Tatsache ungeschehen zu machen – zum Beispiel, indem er statt ins Krankenhaus einfach in den Volkspark ginge: »Die Fahrt zum Park wäre dann das Tipp-Ex, mit dem ich die Nachricht von Frau Schnellstieg überpinseln würde, und wenn ich ankäme, wäre es getrocknet, und ich könnte etwas Neues an dessen Stelle setzen, weil da nur noch leuchtendes Weiß wäre« (R 178 f. | K 188). In dieser Metapher zeigen sich seine Fluchtgedanken, der Wunsch, sich nicht mit Bogis Sterben auseinandersetzen zu müssen, was in seiner Weigerung, über Bogis Tod zu sprechen, eine konsequente Fortführung findet.

Auch ist Mottes Sprache häufig hyperbolisch, er benutzt also viele Übertreibungen, um seinen Eindruck von etwas zu illustrieren. Der Nachbar am Ende der Straße ist »steinalt« und unternimmt mit seinem Dackel »viertausend Spaziergänge« (R 55 | K 59) pro Tag, die Deutschlehrerin Frau Standfuss hat in ihrer Tasche »ungefähr fünfzig knallrote Lippenstifte« (R 77 |

K 81) und Bogis Mutter gibt ihm »fünftausend Anweisungen« (R 168 | K 177) mit auf den Weg, die er beim gemeinsamen Ausflug mit Bogi zur Eröffnung des neuen Plattenladens zu beachten hat.

Umgangssprache

Alterstypisch (oder zumindest nicht altersuntypisch) setzt sich Mottes Ausdrucksweise oft aus umgangssprachlichen Formulierungen, Schimpfwörtern und Beleidigungen zusammen. Auch bedient er sich häufig der Fäkal- oder Vulgärsprache (»Kackfresse«, R 6 | K 6; »verschissene Scheißkrankheit«, R 97 | K 102; »Scheißdreck«, R 108 | K 113; »Arschloch, blödes«, R 108 | K 113). Formulierungen wie »im Strahl kotzen« (R 8 | K 8) »kübeln« (R 231 | K 243), »weiß der Geier« (R 41, 237 | K 43, 249), »zutexten« (R 50 | K 53), »rumlabern« (R 178 | K 188), »die Pelle zwiebeln« (R 57 | K 61), »Knalltüte« (R 100 | K 105) oder »Direx« (R 76 | K 80) sind dem Jugendjargon zuzuordnen, wenngleich hier die Verortung der Handlung in der Vergangenheit zu erkennen ist, da einige dieser Formulierungen heutzutage für Jugendliche kaum mehr gebräuchlich sind. Darüber hinaus sind Füllwörter wie »naja«, »egal« oder »okay« in hoher Frequenz Teil von Mottes aktivem Wortschatz. Auch »hä?« oder »äh« illustrieren Mottes unmittelbare Reaktion auf Dinge, die er nicht versteht oder die ihn irritieren, und unterstreichen ebenfalls den umgangssprachlichen Duktus beziehungsweise rücken den geschriebenen Text in die Nähe der Mündlichkeit.

Jugendjargon

Im Kontrast zu Mottes häufig derber oder auch vulgärer beziehungsweise fäkaler Sprache steht seine grundsätzliche Affinität zu neuen, »gehobenen« oder ausgefalleneren Wörtern. Seine Deutschlehrerin Frau Standfuss weiß das, weswegen sie Motte manchmal im geheimen Einverständnis zuzwinkert, bevor sie im Unterricht ein Wort verwendet, das ihm gefallen wird. »Inkommodieren zum Beispiel. Oder vermaledeit. Oder wenn sie mich und die anderen mit ihrer Zigarette im Mundwinkel fragte, ob wir nicht zum Herrn Kragler zur ›Leibesertüchtigung‹ müssten.« (R 73 | K 76) Neue Wörter, die er nicht gleich versteht, scheint Motte in seinem Gedächtnis zu verwahren. Sie kommen ihm in den Sinn, wenn sich ihm deren Inhalt unerwartet erschließt. So erfasst er die wirkliche Bedeutung des Wortes »Anmut« (R 39 | K 41) erst, als er Jacqueline begegnet; auch was es heißt, sich etwas »abzuringen«, wie Kafka es laut Frau Standfuss mit seiner Erzählung *Die Verwandlung* machen musste, wird ihm erst klar, als er seinen Brief an Jacqueline verfasst (R 72 | K 75). Auch hört er sich Wörter bei Erwachsenen ab, die ihn seiner Meinung nach klüger wirken lassen, wie zum Beispiel die Formulierung »zielführend« (R 236 | K 248), die er von Meinhardt Vogt übernommen hat. »Altklug, sagte meine Mutter. Immer wenn wir uns stritten und ich sie in die Ecke geredet hatte und sie nicht mehr weiterwusste, kam das. Altklug.« (R 236 | K 248)

Wortaffin

Ein weiteres Charakteristikum der sprachlichen Gestaltung des Romans ist die Verwendung von Lautmalerei (Onomatopoesie). Diese Abweichung vom üblichen Sprachgebrauch kann eine Aussage zusätzlich

Lautmalerei

verdeutlichen, die Nachvollziehbarkeit einer Empfindung intensivieren. »Mpfmmpfmmpfmomommpf« (R 20 | K 21), vernimmt Motte aus der Pförtnerkabine im Krankenhaus, als er nach dem Weg zu Bogis Zimmer fragt. Dass sein Vater lacht, als hätte er die Silben verdreht (»Ah, ah, ah, ah, ah« statt »Ha, Ha, Ha, Ha, Ha«, R 49 | K 52), und in Motte das Gefühl weckt, dieser hätte da vielleicht etwas falsch verstanden, unterstreicht nochmals das Fremdheitsgefühl und die emotionale Distanz zwischen Vater und Sohn. »Klingeling, Walkenhorst!« ruft Kragler, »weil er keine Glocke hatte, mit der er die Schlussrunde hätte einläuten können« (R 135 | K 141 f.). »Geräusche wie eine alte Dampflok, mpf, mpf, mpf« (R 148 | K 156) macht Motte bei dem Versuch den Hustenreiz zu unterdrücken, als er seinen ersten Joint raucht. Dessen Wirkung auf Mottes Wahrnehmung wird überdeutlich, als Motte fasziniert dem Sänger einer Linedance-Gruppe zuhört, der »ein geheimnisvoll klingendes Gedicht« (R 151 | K 159) vorzutragen scheint: »Gröden fallmyr sagalimp, / happde liden zackdekind, / en de ras äläffafend, / kak de liben röckattak!« (R 151 f. | K 159). Neben lautmalerischen Ausdrücken sorgt auch die klangliche Nachahmung von Dialekten und Akzenten für ein unmittelbares Miterleben von Mottes Wahrnehmung und seinen Eindrücken von Situationen und Menschen. »Isch hol dir ajn runnä« (R 41 | K 44), zitiert Motte die Belästigung durch den Mann am Fähranleger (er vermutet, dieser komme aus Hessen), was das Befremdliche der Situation zusätzlich intensiviert, aber von Motte dadurch auch ins Lächerliche gezogen wird. Auch Walkis »Französischtick« (R 74 | K 78) macht Motte erfahrbar, indem er seinen Freund im Originalton wiedergibt: »Wäär istö Jacqueline Chmiiddöbaack?« (R 76 | K 79), fragt Walki, als Motte ihn bittet, die Briefübergabe an Jacqueline zu initiieren. Walkis Auftreten in dieser Situation steht im maximalen Kontrast zu seinem eigenen Empfinden, seiner Angespanntheit und Unsicherheit. Dies verdeutlicht der pseudo-französische Akzent zusätzlich. Er wünscht sich mehr Ernsthaftigkeit von seinem Freund. »Ik froie mik, dik ssu … […] kännon lörnän, Motta« (R 111 | K 116), begrüßt Callum Motte vor dem Kino, was dieser, im Gegensatz zu Jacqueline, überhaupt nicht komisch findet und was ebenfalls die Irritation unterstreicht, die Motte eh schon durch den unerwartet aufgetauchten Nebenbuhler erfährt.

Zeitgestaltung

Bei der Analyse der Zeitgestaltung muss differenziert werden: Blickt man auf den Roman als Ganzes, liegt zeitraffendes Erzählen vor, da die erzählte Zeit, also die Zeitspanne, von der ein epischer Text erzählt, länger ist als die Zeit, die ein Leser braucht, um den Text zu lesen (Erzählzeit). Dies ist bei *Blackbird* der Fall: Die erzählte Zeit umfasst elf Monate – so lange braucht auch ein langsamer Leser nicht für die Lektüre. Nimmt man jedoch einzelne Sequenzen in den Blick, wird häufig zeitdehnend erzählt. Das bedeutet, dass ein langsames Erzähltempo verwendet wird und die Erzählzeit folglich länger ist als die erzählte Zeit. Ein eigentlich kurzer Vorgang oder gar nur ein Au-

Verhältnis erzählte Zeit / Erzählzeit

genblick werden ausführlich geschildert. Besonders auffällig ist dies beispielsweise in Kapitel zwei, das von Mottes erstem Besuch bei Bogi im Krankenhaus erzählt. Motte selbst sagt zu Beginn, dass es von der Bushaltestelle nur fünf Minuten Fußweg zur Klinik sind, bis er aber dann tatsächlich bei Bogi im Zimmer steht, hat der Leser sehr viele Informationen zu sehr vielen weiteren Figuren erhalten. Eigentlich schon vor dem Haupteingang stehend, erzählt Motte ausführlich von einem gravierenden Vorfall in Kraglers Sportunterricht, dessen Liebe zu Schlesien, der Musterungserfahrung von Walkis Bruder und vom Bundeswehr-Fanclub an seiner Schule (R 16–19 | K 17–20). Dieser Exkurs umfasst mehrere Seiten und eine größere, in der Vergangenheit liegende Zeitspanne, obwohl Motte aller Wahrscheinlichkeit nach höchstens Minuten vor dem Gebäude steht. Gleichzeitig vermittelt dieses Abschweifen den Eindruck, dass Motte die Begegnung mit seinem besten Freund hinauszögern will.

Von zeitdeckendem Erzählen spricht man bei einer Übereinstimmung von erzählter Zeit und Erzählzeit, was beispielsweise bei Passagen in wörtlicher Rede der Fall ist.

5. Quellen und Kontexte

Brandts bisherige literarische Werke nehmen Lebensphasen in den Blick, die aus der gegenwärtigen Perspektive des Autors betrachtet eine gewisse Zeit zurückliegen: in *Raumpatrouille* ist es die Kindheit, in *Blackbird* die Jugend. »Kindheit und Jugend sind Lebensphasen, in denen Sie gewissermaßen emotionale Grunderfahrungen in ihrer Reinform machen. Es ist immer wahnsinnig interessant jemandem zuzusehen, dem etwas zum ersten Mal passiert«[6], begründet Brandt sein Interesse an diesen Lebensabschnitten. Bei Kindern fasziniere ihn die Absolutheit der Gefühle, »dass sie das, was sie empfinden, immer total empfinden.«[7] Die Jugend schließlich sei eine Phase des Übergangs zwischen den kindlichen, reinen Emotionen und dem Erwachsenwerden, das darin bestehe, »dass Empfindungen immer mehr ineinander fließen und gleichzeitig stattfinden.«[8] Gerade diese Gleichzeitigkeit, diese Widersprüchlichkeit, womit zurechtzukommen einem jungen Menschen mitunter große Schwierigkeiten bereite, habe Brandt erzählerisch gereizt.

■ Emotionale Grunderfahrungen

6 Lena Schneider, »Interview. Matthias Brandt: ›Es gibt keine Fiktion‹«, in: *Tagesspiegel* PNN (5. 8. 2020), www.tagesspiegel.de/potsdam/potsdam-kultur/es-gibt-keine-fiktion-7942534.html (Stand: 5. 10. 2023).
7 Schneider (s. Anm. 6).
8 Schneider (s. Anm. 6).

Grundidee: Thema Tod im Zentrum

Im Zentrum der Handlung seines Jugendromans sollte das Thema Tod stehen. Es sollte um zwei Jugendliche gehen, von denen einer stirbt. Die Grundkonstellation sei klar gewesen, die genaue Richtung habe sich erst beim Schreiben ergeben, antwortet Brandt in einem Interview auf die Frage nach Impuls und Schreibprozess.[9]

Zeitliche Verortung

Indem der Autor die Jugend seines Protagonisten Motte in die Siebzigerjahre des vergangenen Jahrhunderts legt, legt er sie in eine Zeit, in der er selbst Jugendlicher war. Dennoch ist Motte nicht Brandt, der Roman keine autobiografische Selbstanalyse – obwohl Brandt nach eigener Aussage davon überzeugt ist, dass es so etwas wie reine Fiktion nicht gebe, da ein Autor immer nur darüber schreiben könne, was er in irgendeiner Form selbst erlebt, erfahren oder gesehen habe.[10] Abgesehen davon, dass Brandt beim Erzählen von einer Jugend in den 1970er Jahren auf seinen eigenen Erfahrungshorizont zurückgreifen kann, sieht er weitere Vorteile dieser Zeit: »Ich halte es für einen Riesenvorteil, dass es damals diese Leerstellen gab. Es gab einfach mehr Fläche, die von einem selbst auszufüllen war. Und zwar ohne dass einen jemand dabei beobachtet hat oder dass einen ständig jemand kommentiert oder reglementiert hat. Ich hänge so an diesen Jahren, weil ich glaube, dass die Menschen damals, anders als heute, genügend Zeit und genügend

Rückgriff auf eigenen Erfahrungshorizont

9 Vgl. Porombka (s. Anm. 1).
10 Vgl. Schneider (s. Anm. 6).

Raum hatten. Für sich.«[11] Es erscheint folglich nur als logische Konsequenz, dass Brandt diese Leerstellen in seinem Jugendroman auslotet. Ein Beispiel hierfür ist die temporäre Nichterreichbarkeit von Personen. Motte und seine Freunde haben noch keine Smartphones, es gibt lediglich einen Festnetzanschluss im Elternhaus. Dies führt dazu, dass Zeitabschnitte entstehen, in denen man nicht weiß, wo eine Person gerade ist, weil man sie nicht rund um die Uhr erreichen kann. So entstehen zwar Ungewissheiten, aber eben auch Freiräume. Die Kommunikation untereinander ist eine ganz andere, auch wäre eine Situation, wie Motte sie unmittelbar nach Bogis Tod erlebt, heutzutage undenkbar: Nur in einer analogen Welt ist es ihm möglich, einige Stunden lang so zu tun, als wäre Bogi gar nicht gestorben, und mit seinem Lehrer Pläne für einen gemeinsamen Sommerurlaub mit Bogi zu schmieden. In unserer heutigen Zeit hätte die Nachricht von Bogis Tod wahrscheinlich binnen Sekunden die ganze Schule erreicht. Die Entscheidung, die Handlung in einer Zeit ohne Handys anzusiedeln, war für Matthias Brandt zu Beginn des Schreibprozesses somit eine ganz elementare.[12]

Leerstellen

11 Wiebke Porombka, »Der Gedankenspieler«, in: *Zeit Online* (7. 9. 2016), www.zeit.de/kultur/literatur/2016-09/matthias-brandt-schauspieler-raumpatrouille-buch (Stand: 5. 10. 2023).

12 3nach9 [Talkshow von Radio Bremen], »Matthias Brandt über seinen ersten Roman und darüber, dass er Selbstgespräche führt«, in: *YouTube* (16. 11. 2019), https://www.youtube.com/watch?v=gao-DNWiqbQ (Stand: 5. 10. 2023).

6. Interpretationsansätze

Sprechen und Sprachlosigkeit

Matthias Brandt hat die abwesenden, schweigenden Väter in einem Interview mal als verbreitetes Phänomen seiner Generation bezeichnet.[13] Dieser Generation entstammt auch sein Protagonist Motte, weswegen es nicht verwunderlich ist, dass auch dieser mit einem Vater konfrontiert ist, der nicht in der Lage ist mit seinem Sohn zu kommunizieren. Obwohl sich die Unfähigkeit zum offenen und ehrlichen Dialog der Figuren in *Blackbird* bei Weitem nicht nur auf Herrn Schumacher beschränkt, stellt die Begegnung zwischen Motte und seinem Vater doch einen entsprechenden Höhepunkt dar und illustriert das Thema besonders eindrücklich. Gerhard Schumacher erschrickt ob des zufälligen Aufeinandertreffens mit seinem Sohn im Wohnzimmer des bisherigen Familienhauses, aus dem auszuziehen er gerade im Begriff ist. Mottes Erzählerkommentar »Ich weiß gar nicht, ob wir uns überhaupt schon mal anders über den Weg gelaufen waren als zufällig« (R 45 | K 48) macht die Distanziertheit zwischen Vater und Sohn deutlich. Überlegt Motte zunächst noch, sich einfach wieder unauffällig davonzuschleichen, entscheidet er sich dann doch zumindest für ein »Hallo«. Beide fühlen sich mit der Situation sichtlich unwohl – es gäbe so

■ Unfähigkeit zur Kommunikation

13 Vgl. Schneider (s. Anm. 6).

viel zu sagen, wo sich das Leben beider gerade radikal verändert, doch die Sprachlosigkeit zwischen ihnen wirkt unüberwindbar und im gemeinsamen Wohnzimmer geradezu skurril. Herr Schumacher schiebt die Verantwortung, mit dem Sohn über die veränderten Lebensumstände zu sprechen, seiner Ex-Frau zu: »Deine Mutter hat dir das ja alles erklärt –« (R 46 | K 50). »Bitte jetzt bloß keine Aussprache, dachte ich. [...] Meine Eltern sollten das so regeln, wie sie es für richtig hielten. Oder auch nicht. Hauptsache, sie ließen mich damit in Ruhe.« (R 47 | K 50) Obwohl seine Mutter nach der Trennung plötzlich versucht, mit Motte Gespräche zu führen, kommt es auch mit ihr zu keiner echten Kommunikation. Motte ist vielmehr geradezu schockiert von diesen neuen Anwandlungen: »So ein Wahnsinn. Die sollte gefälligst jemand anderen zutexten« (R 50 | K 53). Zu entfremdet sind die Familienmitglieder auf emotionaler Ebene voneinander, zu lange wurde über Wichtiges geschwiegen, als dass Motte jetzt plötzlich mit ihr über sein Befinden, die Zukunft, Sex oder die »Bogisache« (R 50 | K 53) reden könnte. Motte kennt es nicht anders und behauptet, es nicht anders zu wollen, auch wenn er durch die Beziehung zu Steffi und auch schlussendlich durch das Gespräch mit »Elvis« auf dem Sprungturm des Freibads merkt, dass es doch guttut, wenn jemand mal wirklich nachfragt, wenn jemand mal wirklich zuhört.

■ Schweigen zwischen Vater und Sohn

■ Fruchtlose Versuche der Mutter

Zunächst ist er von Steffis direkter und kompromissloser Art aber überrascht:

■ Ungewohnte Direktheit

> »[I]ch war das nicht gewöhnt, dass man Dinge so ansprach. Das machte bei uns zu Hause keiner. Ehrlich gesagt, strengten wir uns alle unheimlich an, genau das nicht zu tun. Und jeder hielt sich an diese Verabredung. […] Wir waren alle drei hauptsächlich damit beschäftigt, uns zu überlegen, was der andere jetzt wohl gerade über einen dachte und was das, was man als Nächstes sagen oder tun würde, eventuell in ihr oder ihm auslösen könnte. Und was man dann wohl zur Antwort bekäme und wie man darauf dann wieder am besten reagieren sollte. Und so weiter. Und nachdem man das eine Weile lang von allen Seiten betrachtet hatte, ließ man es lieber ganz sein und hielt die Klappe. Damit war man auf der sicheren Seite.« (R158 | K166)

■ Erlerntes Verhalten

Wenig verwunderlich also, dass Motte die ihm aus seiner Familie bekannten Verhaltens- und Reaktionsmuster übernommen hat und seinerseits im Umgang mit Bogi, Jan, Walki oder auch Jacqueline und Steffi nicht in der Lage ist, in Worte zu fassen, was er wirklich denkt. So erzählt er Bogi beispielsweise nichts von Steffi und spricht mit Steffi wiederum nicht darüber, wie es Bogi geht. »Irgendwie bekam ich die beiden nicht zusammen.« (R166 | K175) Mit jemandem über Schwierigkeiten, Erlebtes oder Empfundenes zu sprechen, ist für ihn keine Option, um sich besser zu fühlen, sich vielleicht auch helfen lassen zu können. Er lehnt es sogar vehement ab beziehungsweise verweigert sich dieser Möglichkeit: »Auf keinen Fall wollte ich getröstet werden und vor allem über das, was eben passiert war, kein einziges Wort verlieren. Heute nicht und überhaupt niemals mehr« (R 192 | K 202), denkt Motte, als er nach Bogis Tod kopflos aus dem Krankenhaus stürmt. Er selbst bemerkt dieses Defizit allerdings durchaus: »Warum konnte ich nie sagen, was wirklich los war? Warum musste ich stattdessen ein anderes Problem erfinden, das es gar nicht gab?« (R 159 | K 167).

Besonders drastisch zeigt sich das Nicht-Sprechen-Können im Umgang mit Bogi. Von dem Moment an, als Bogi im Krankenhaus ist, verändert sich die Freundschaft zwischen den beiden. Bestand bislang eine besondere Vertrautheit, ein gegenseitiges Verständnis (R 80 f., 84 | K 84, 88), sind Bogis Krankheit und sein drohender Tod nun der Elefant im Raum, über den nicht oder nur ausweichend gesprochen wird und der alles andere überlagert und so ein echtes Gespräch unmöglich macht. Die Erwachsenen sind hier wiederum keine Hilfe, gehen nicht mit gutem Beispiel voran. Herr Schnellstieg, Bogis Vater, ist bereits bei seinem Anruf zu Beginn des Romans nicht in der Lage, Motte konkret mitzuteilen, was sich ereignet hat und überlässt diese Aufgabe – hier zeigt sich, dass das eingangs erwähnte Phänomen des schweigenden Vaters tatsächlich kein individuelles ist – seiner Frau (R 9 | K 10). Diese erklärt Motte dann später tatsächlich die medizinischen Details des Non-Hodgkin-Lymphoms, »[a]ber dass es Krebs war und man an dem Scheiß sterben konnte, dass es sogar ganz schön wahrscheinlich war, dass man das tat, damit rückte sie erst raus, als ich vier Mal nachgefragt hatte« (R 23 f. | K 25). Auch später beschwert sich Motte darüber, dass keiner ihm sage, was wirklich mit Bogi los sei (R 140 | K 147). Vom ersten Besuch im Krankenhaus an ist Motte in Bogis Gegenwart befangen, steht eine nie dagewesene Stille zwischen ihnen, die er sogar auf der Metaebene analysiert: »Wahrscheinlich gibts für die wirklich wichtigen Dinge, die man fühlt, keine Worte. Jedenfalls nicht die richtigen. Man tut eigentlich immer nur so, als ob. Weil man sich alles zurechtquatschen muss. Damit die Welt nicht stehen bleibt und es irgendwie weitergeht« (R 24 | K 26). Obwohl vor allem die anfängliche Überforderung mit einer Situation wie dieser nur allzu nachvollziehbar erscheint, hat Motte von Beginn an ein schlechtes Gewissen wegen des zwischen ihnen schwebenden Schweigens, was allerdings auch im weiteren Verlauf der Handlung nicht zu einer Änderung seines Verhaltens Bogi gegenüber führt. Er findet sich selbst »zum Kotzen, weil es [s]eine Aufgabe gewesen wäre, [ihnen] beiden das hier gesprächsmäßig zu erleichtern« (R 28 | K 31), auch bei späteren Besuchen fehlen die richtigen Worte, es wird geschwiegen oder über Belangloses gesprochen – wenn Motte Bogi denn überhaupt besucht. Dabei ist Motte die ganze Zeit klar, wie sich das für Bogi anfühlen muss. Einmal hat Motte allerdings durchaus den Versuch unternommen, Bogi zu erklären, warum er ihn selten besuche, dieser hatte »aber gleich nachdem er geahnt hatte, worauf das hinaus-

Sprachlosigkeit angesichts des Unsagbaren

laufen würde, […] das Thema gewechselt« (R 181 | K 190).

Mottes (zum Teil erlernte) Sprachlosigkeit in krisenhaften Situationen kulminiert nach Bogis Tod in vollständigem Verstummen. Er hat weder die Möglichkeit, seine Gefühle in Worte zu fassen, noch alternative Handlungsstrategien an der Hand. Es bleibt ihm nur der Rückzug in sich selbst. Indem er nicht mehr spricht, verweigert er sich der Interaktion mit der Außenwelt. »In diesem Moment wurde mir ganz klar, dass ich nie wieder ein Wort sprechen würde, weil das ganze Gequatsche daran nichts ändern würde.« (R 239 | K 251) Auch auf Bogis Trauerfeier findet er es eigentlich ganz passend, dass Herr Schnellstieg es trotz großer Mühe nicht fertigbringt, über seinen verstorbenen Sohn zu sprechen: »[D]ieses Nichthinkriegen [war] eigentlich das Beste […], was man in dem Zusammenhang tun konnte. Ganz ehrlich, was gab es denn da auch groß zu sagen?« (R 250 | K 263). Allerdings ahnt er, dass dies vielleicht nicht die ganze Wahrheit ist: »Vielleicht redete ich mir das aber auch nur ein, weil ich selbst die Zähne nicht auseinanderbekam […]« (R 250 | K 263). Dass er ganz am Ende des Romans, einerseits durch die konstante und fürsorgliche Begleitung Steffis, aber auch durch professionelle therapeutische Unterstützung wieder ein erstes, noch ungelenkes Wort spricht, kann als vorsichtiges Zeichen einer positiven Entwicklung gedeutet werden.

■ Vollständiges Verstummen

Folgerichtig erscheint im Kontext dieses Themas auch, dass der neue Freund der Mutter, der ganz am

■ Fortführung des Themas

Ende des Romans noch neu eingeführt wird, ein Mann ist, der seine Sätze nicht zu Ende spricht, was Motte stark aufregt (R 243 | K 255). Typisch für Motte ist dabei, dass er zwar einerseits eingesteht, dass er eigentlich kein Recht habe, sich darüber aufzuregen, da er selbst ja gar nicht spreche, dies aber sogleich wieder relativiert: »Andererseits war ich wenigstens konsequent und hielt ganz die Klappe« (R 261 | K 274).

Die Tatsache, dass Motte Wörter und Wortspiele mag, zugleich aber nicht in der Lage ist, sie im Dialog mit anderen zum Vehikel seiner Gefühle und Gedanken zu machen, hebt die Relevanz des Themas Schweigen beziehungsweise der Sprachlosigkeit im Roman nochmals hervor.

Sicht des Autors

In einem Literaturgespräch danach gefragt, warum Motte aufhöre zu sprechen, antwortet Brandt, dass sein Protagonist darin keinen Sinn mehr sehe, dass es für seine Empfindungen keine angemessenen Worte gebe. Warum sollte er also überhaupt welche benutzen? Zwar rede Motte zuvor immer sehr viel, versuche dabei aber stets dem Eigentlichen auszuweichen. Sein Schweigen lasse sich als konsequente Fortsetzung davon begreifen – zwei Varianten des Ausweichens als Reaktion darauf, dass er das Existenzielle nicht greifen könne.[14]

14 Vgl. Porombka (s. Anm. 1).

Der Soundtrack des Lebens: zur Bedeutung von Musik

Mottes große Leidenschaft ist Musik. Sie spielt eine immense Rolle in seinem Leben. »Ich schloss die Tür ab, machte die Musik an und schmiss mich aufs Bett. Die Musik tat gut. Musik wollte nichts von mir. Sie war einfach so da und legte sich um mich herum.« (R 52 | K 55) Musik ist essentiell für Mottes Gefühlslage. Von seinem Taschengeld und den finanziellen Zuwendungen seines Vaters kann Motte sich eine neue Schallplatte pro Monat leisten und die Entscheidung, welche es sein soll, kann nicht sorgfältig genug abgewogen werden. »[M]anchmal rannte ich stundenlang in der Stadt rum, bevor ich mir einen Ruck geben und endlich entscheiden konnte, welche ich nehmen würde. Im schlimmsten Fall hieß das ja, dass ich, wenn ich die falsche Entscheidung getroffen hatte, bis zum nächsten Monatsanfang mehr oder weniger schlecht drauf wäre. […] Oder dass ich mich klein fühlen würde, weil ich mir so einen Scheiß ausgesucht hatte.« (R 172 f. | K 181) Fehlkäufe werden zur Füllmasse im Plattenregal und vergrößern so immerhin noch die Sammlung.

■ Essentiell für Gefühlslage

Musik ist ein identitätsstiftendes Element, sie spielt gerade bei Jugendlichen eine bedeutende Rolle für die Selbstvergewisserung. Welche Musik man hört, ist in Mottes Wahrnehmung nicht schlicht eine Frage des persönlichen Geschmacks, bei der sämtliche Präferenzen gleichwertig sind. Musik ist ein Medium, das

■ Identitätsstiftend

Zugehörigkeit schafft und gleichzeitig auch der Abgrenzung dienen kann. Man hebt sich damit von anderen ab, die »schlechtere« Musik hören, und gewinnt Anerkennung von Personen, mit denen es Überschneidungen bezüglich der Musikrichtung gibt. Uwe, der ältere Bruder von Walki, der im neuen »Rockworld«-Laden arbeitet, nickt Motte beispielsweise anerkennend zu und kommentiert so dessen Kaufentscheidung (R173 | K182). Mit der »falschen« Band in Verbindung gebracht zu werden, kann hingegen äußerst peinlich sein, weswegen Motte auch zunächst in Panik verfällt und das Gefühl hat, etwas unternehmen zu müssen, als Steffi auf Bogis Trauerfeier das Lied »A Horse with no Name« abspielt (»Mädchenmusik«, R253 | K266) und in ihrer Anmoderation auch auf ihn Bezug nimmt: »Immerhin war ich ja mit dieser Musik in Verbindung gebracht worden« (R253 | K265 f.). Wie stark der Musikgeschmack für Motte Ausdruck der Identität einer Person ist, zeigt sich auch daran, dass er nicht nur in Bezug auf sich selbst Sorge hat, es könnten falsche Eindrücke entstehen. So regt er sich maßlos darüber auf, dass Bogis Familie für seine Trauerfeier das Lied »Über den Wolken« von Reinhard Mey ausgewählt hat: »Ja, schon klar, das hatte Bogi mal gemocht. Aber mit acht! Das war damals im Kinderfernsehen gelaufen, Leute! Das konnte man doch jetzt nicht hier als seinen Lieblingssong präsentieren. Meine Güte, das warf doch ein falsches Licht auf ihn!« (R248 | K261). Aber auch hinsichtlich der Musik, die Bogi als Jugendlicher tatsächlich mochte, ist Motte alles andere als

Thema mit Konfliktpotenzial

entspannt. Beim gemeinsamen Besuch der »Rockworld«-Eröffnung macht Motte sich Gedanken darüber, was die vielen anderen Leute denken könnten, wenn Bogi sich dort die »falsche« Platte kaufte. »Ich weiß nicht, was mich geritten hatte, aber ich machte mir wirklich Sorgen, dass man ihn auslachen würde. Außerdem hätte ichs schade um das Geld gefunden.« (R 169 | K 178) Motte ist der Ansicht, dass Bogi »musikalisch auf dem Holzweg« (R 170 | K 178) ist, was er diesen auch wissen lässt. »[D]as mit der Musik [war] zwischen Bogi und mir immer ein haariges Thema gewesen. Sagen wir mal so, er hatte es immer gerne ein bisschen gefühlsduseliger gehabt als ich« (R 253 | K 266), resümiert Motte das Thema am Ende des Romans. Ein Album, auf das sie sich zu Bogis Lebzeiten aber noch einigen können, ist das *Weiße Album* der Beatles, auf dem auch der Song »Blackbird« enthalten ist – obgleich Motte mutmaßt, Bogi möge es wahrscheinlich nur, weil es das Lieblingsalbum von Schwester Merle sei. »Hätte *ich* ihm nämlich das Weiße Album empfohlen […], hätte es ihn einen Scheiß interessiert, aber so wars natürlich was anderes.« (R 171 | K 180)

Wie bedeutsam Musik für Motte ist, lässt sich den ganzen Roman hindurch nachverfolgen. Direkt auf der ersten Seite wird darauf hingewiesen, dass Motte Musik hört (»Hier oben in meinem Zimmer pochten die Bässe«, R 5 | K 5), auch fragt er Jacqueline in seinem Brief nach ihrem Musikgeschmack und schreibt von seiner eigenen Lieblingsplatte (R 67 | K 71). Motte hört Rockmusik, er mag Bands wie *Led Zeppelin*, *Talking*

Präferenz: Rockmusik

Heads, *The Stranglers* oder *The Stooges*, auch ist er großer David-Bowie-Fan (dass er Steffis Frisur mit der Bowies vergleicht [R 62 | K 66], kann also als Kompliment gedeutet werden). Besonders abfällig äußert er sich hingegen über Schlagermusik, auch klassischer Musik kann er nichts abgewinnen und zeigt sich diesbezüglich wenig tolerant. Der Musiklehrer Herr Ärmeling wird nur belächelt, als Motte ihn einmal im Plattenladen dabei beobachtet, »wie er sich seinen Beethoven reinzog oder wie der Kack hieß, mit dem er uns später im Musikunterricht quälen würde« (R 167 | K 176). Besonders drastisch äußert er seine Geringschätzung für die musikalische Vorliebe seines Sozialkundelehrers Meinhardt Vogt, der den italienischen Volksmusiker Angelo Branduardi verehrt: »Es war die schlimmste, ekelhafteste Musik, die je gespielt und dann auch noch aufgenommen worden war. Man sah das dieser Sackfresse auf dem Cover auch sofort an. Gaukler nannten sich solche Typen. Ich hätte kotzen können« (R 211 | K 222). Personen, die von ihm abgelehnte Musik hören, sind bei ihm unten durch oder werden zumindest nicht für ganz voll genommen – was den bereits erwähnten Aspekt der Abgrenzung durch den eigenen, als überlegen empfundenen Musikgeschmack nochmals illustriert. Auch von der Musikwahl seiner Eltern distanziert sich Motte natürlich, gleichwohl er sich bei diesen Platten geklaut hat, die er zwar nicht hört, »aber im Regal stehen haben konnte, ohne rot zu werden« (R 173 | K 182). Ein gutgefülltes Plattenregal gilt als Statussymbol. Als Beispiel nennt

Wenig tolerant

Abb. 6: David Bowie, The Low / Heroes World Tour 1978 – © IMAGO/Photoshot

er hierfür Schallplatten von Bob Dylan. Sein Vater ist zudem großer Fan von Elvis Presley und zumindest in betrunkenem Zustand auf dem Sprungturm lässt sich

Motte auf Insistieren des Bademeisters Günter Reuser dazu herab zuzugeben, dass er selbst auch ein Lieblingslied vom »King« (R 236 | K 248) hat. Über die Musik von Elvis Presley wird so auch eine unsichtbare Verbindung zwischen Bademeister Reuser und Vater Schumacher hergestellt, die die Bedeutung des Gesprächs auf dem Sprungturm nochmals hervorhebt und in Kontrast zur Realität des Vater-Sohn-Verhältnisses setzt. »Wahrscheinlich hat mir in dieser ganzen Zeit, als ich nicht wusste, wie das jetzt werden soll erst mit, dann ohne Bogi, keiner so was Vernünftiges gesagt wie Günter. Außer Steffi vielleicht.« (R 238 | K 250) Günter Reuser agiert durch sein offenes Ohr und seinen Ratschlag väterlicher, als Mottes eigener Vater es je gewesen ist.

■ Empfindungen zum Ausdruck bringen

Matthias Brandt beschreibt Musik als unmittelbarste Begegnung mit einem Phänomen der Kunst: Jemand drücke etwas aus, das man selbst auch empfindet, aber nicht auszudrücken vermag.[15] Genauso geht es auch Motte, was die Bedeutung von Musik gerade auch im Kontext seiner Sprachlosigkeit hervorhebt.

Motivik: Amsel und Zehnmeterbrett

■ Wiederkehrender inhaltlicher Baustein

Unter einem Motiv versteht man einen wiederkehrenden inhaltlichen Baustein einer Erzählung. Motive sorgen beispielsweise dafür, dass scheinbar unabhängige Erzählstränge miteinander verknüpft werden oder

15 Vgl. Porombka (s. Anm. 1).

bilden eine Brücke zwischen zeitlich weit(er) auseinanderliegenden Ereignissen. Für den Leser generieren sie einen Wiedererkennungswert und lenken seine Aufmerksamkeit auf bestimmte Themen. Auch in *Blackbird* finden sich einige relevante Motive, von denen zwei hier näher in den Blick genommen werden sollen.

Das Motiv der Amsel (Englisch: *blackbird*) zieht sich in verschiedenen Variationen durch den Roman. Zuallererst taucht es in Form einer günstigen Weinmarke auf, von der Motte und Bogi sich zwei Flaschen für ihr erstes »Besäufnis« auf der Turnierfahrt gekauft haben: Amselfelder (R 7 | K 8). Schon an dieser Stelle kommt die englische Übersetzung des Vogels ins Spiel, die schließlich den Titel des Romans bildet, da Bogi gerade »dieses Englischding« hat: »Der haut total rein, der Blackbirdfielder« (R 8 | K 8). Motte scheint sich das aber zunächst nicht gemerkt zu haben, denn er fragt Bogi, als er bei seinem ersten Besuch durch das Fenster des Krankenhauszimmers eine Amsel auf einem Baum beobachtet, wohl hauptsächlich aus Verlegenheit ob der entstandenen Gesprächspause, was Amsel auf Englisch heiße. Über die Antwort, *blackbird*, ist er überrascht: »Echt jetzt? So wie das Lied?« (R 28 | K 30). Indem auf den Titel eines *Beatles*-Songs verwiesen wird, kommt eine weitere Dimension des Amsel-Motivs in die Handlung. Der Song »Blackbird« befindet sich auf dem *Weißen Album* der Beatles, was einen besonderen Stellenwert in der Freundschaft zwischen Motte und Bogi ein-

- Motiv Amsel/ *Blackbird*
- Variationen
- Wein
- Vogel
- Song

nimmt, da es ein Album ist, auf das sich beide trotz ihres sehr unterschiedlichen Musikgeschmacks einigen können (vgl. vorheriges Unterkapitel zur Bedeutung von Musik im Roman). Der Songtext bringt die Sehnsucht nach Freiheit zum Ausdruck, nach dem einen Moment, der alles verändert (»Blackbird singing in the dead of night / Take these broken wings and learn to fly / All your life / You were only waiting for this moment to arise«[16]). Auch wenn der Hintergrund des Liedes ein anderer ist, da Paul McCartney von den *Beatles* hier auf die Bürgerrechtsbewegung in den USA Ende der Sechzigerjahre Bezug nimmt, lassen sich doch auch inhaltliche Bezüge zu den Protagonisten des Romans herstellen. Während Motte an einem Punkt in seinem Leben ist, an dem er lernen muss, selbstständiger zu sein, Verantwortung für sich und seine Entscheidungen zu übernehmen, und dabei mit allerlei Herausforderungen konfrontiert wird, er bildlich gesprochen also lernen muss zu fliegen, verbindet sich das Lied mit Bogis Schicksal auf andere Art: Zum einen steht es in Verbindung zu seiner ersten und einzigen Erfahrung des Verliebtseins, da Schwester Merle – deren Name diese Verbindung zusätzlich verstärkt, denn »le merle« ist schließlich das französische Wort für Amsel – ihm das Album empfiehlt, zum anderen ist es eines der Lieder, die auf seiner Beisetzung gespielt werden und das aufgrund seiner Symbol-

16 Paul McCartney, »Blackbird«, zitiert nach: songtexte.com/songtext/the-beatles/blackbird-7bd292ac.html (Stand: 5. 10. 2023).

trächtigkeit letztlich ein hoffnungsvolles Stück ist. Die Amsel als Vogel selbst stellt kontrastiv ebenfalls den Bezug zum Thema Freiheit her – hüpft sie doch munter vor dem Fenster im Baum umher, einen Wurm im Schnabel, während Bogi auf der anderen Seite des Glases letztlich gefangen ist. An dieses Bild erinnert sich Motte im späteren Verlauf der Handlung, als er ein letztes Mal aus dem Fenster seines alten Zimmers blickt und dort ebenfalls eine Amsel erspäht, diesmal allerdings in einem bereits vollständig blätterlosen Baum: »In den Ästen hüpfte wieder mal eine Amsel herum, aber egal, wonach sie auf der Suche war, sie war zu spät dran. Birke, Amsel, Birch, Blackbird. Mir fiel der Vogel ein, der damals vor Bogis Krankenzimmer gesessen hatte [...]« (R 138 | K 145). Diese Erinnerung löst bei Motte das Bedürfnis aus, sich nach Bogis Befinden zu erkundigen; dessen Mutter reagiert jedoch kurz angebunden und weist ihn darauf hin, Bogi doch einfach mal wieder zu besuchen. Es wird deutlich, dass viel Zeit vergangen ist, seit Motte das letzte Mal bei seinem besten Freund im Krankenhaus gewesen ist. Das trostlose Bild der Amsel im kahlen Baum kann als Vorausdeutung auf Bogis Sterben betrachtet werden. Auch die Wein-Variation des Amselmotivs wird im Verlauf der Handlung nochmals aufgenommen, als Bogi kurz vor seinem Tod auf die nach wie vor im Garten der Schnellstiegs versteckten Flaschen zu sprechen kommt. Motte versteht nicht, warum sein Freund gerade jetzt den Rotwein erwähnt, fragt aber auch nicht nach und erzählt Bogi stattdessen, dass er sich mittlerweile schon oft ohne ihn betrunken habe. An dieser Stelle wird nochmals ganz deutlich, dass Mottes Leben weitergegangen ist, während Bogis im Krankenhausbett letztlich verharrte – hatten sie doch vorgehabt, den ersten Rausch gemeinsam zu erleben (R 182 | K 192). Nach Bogis Tod, den Motte im Krankenhaus unmittelbar miterlebt, holt er den Amselfelder aus seinem Versteck, öffnet die erste Flasche allein im Wald und trinkt auf seinen Freund, auch wenn er es eigentlich »kitschig und blöd [findet], weil es überhaupt nicht das war, wonach [ihm] eigentlich zumute war, sondern nur etwas, das [er sich] irgendwann mal so vorgestellt und ausgedacht und für diesen Moment gemerkt hatte, als [er] im Bett gelegen und über Bogis Sterben nachgedacht hatte« (R 199 | K 210). Der Amselfelder, mit dem symbolisch gemeinsam der Übergang zum Erwachsensein zelebriert werden sollte, hebt in dieser Situation Mottes Einsamkeit und Trauer nochmals umso deutlicher hervor. Auf dem Sprungturm im Freibad schließlich brüllt er das Wort »Amselfelder« in die Nacht, bevor er den Inhalt seines Magens in die Tiefe entleert. »Ich hasste diese Kotzerei, weil es sich so anfühlte, als ob nicht nur der Mageninhalt herauskatapultiert wurde, sondern sich auch noch meine ganzen Innereien nach außen stülpen wollten. Der Gedanke war irgendwie lustig, weil genau das ja von mir immer erwartet wurde. Dass ich mein Inneres nach außen kehrte. […] Die Pfütze da unten, so sahs in mir aus.« (R 230 | K 241)

Das Amselmotiv in all seinen Ausprägungen zieht sich also durch den Roman, bringt die Aspekte Sehnsucht, Freiheit, Abschied, Neuanfang ein, verknüpft aber auch Themen wie Freundschaft und Bedeutung von Musik miteinander und bildet letztlich durch den Titel, die frühe Erwähnung bereits zu Beginn des Romans sowie die Wiederaufnahme ganz zum Schluss bei Bogis Trauerfeier auch eine Art Rahmen für die erzählten Ereignisse.

Vielschichtiges Motiv mit Rahmenfunktion

Ein weiteres, gerade in der Jugendliteratur häufig vorkommendes Motiv, ist das Motiv des Springens aus großer Höhe, genauer vom Sprungturm im Freibad. »Der Sprung vom Zehner und das abschließende Abtauchen ins kalte Wasser, wo die Welt kurz verschwindet, um dann für immer verändert wieder aufzutauchen, ist keine neue, aber noch immer eine starke Metapher auf diese Zeit des Erwachsenwerdens«[17], schreibt auch Nicolas Freund in seiner Rezension für die *SZ*. Das Freibad als Symbolraum der Jugendlichkeit, der Freiheit, der Geselligkeit, der Leichtigkeit und Unbeschwertheit schlechthin ist ein saisonales Phänomen, wirkt es im Winter in seiner Leere und Stille doch fast gespenstisch. »[K]omisch, dass mir dieser Ort, der für mich noch vor ein paar Wochen wie ein zweites Zuhause gewesen war, ich kannte hier wirklich jeden Grashalm, jetzt plötzlich total fremd

Motiv: Sprung vom Zehnmeterbrett

Metapher für Veränderung, Erwachsenwerden

17 Nicolas Freund, »Die Jugend vor dem Sprung«, in: *Süddeutsche Zeitung* (27. 8. 2019). Online einsehbar unter: www.sueddeutsche.de/kultur/matthias-brandt-blackbird-1.4576456 (Stand: 5. 10. 2023).

war. Bald war Winter, und das Freibad war dadurch bis zum kommenden Mai vollkommen nutzlos geworden […].« (R 119 | K 125) Schon früher in der Handlung philosophiert Motte über diese Diskrepanz: »Schwer vorzustellen, dass hier im kommenden Sommer wieder alles voller Leute sein würde und ich den nächsten Versuch machen würde, vom Zehner zu springen. Versuch ist gut, wahrscheinlich würde ich wieder Ewigkeiten lang dort oben herumstehen, ganz taub vor Angst, obwohl ich so eine Ahnung hatte, dass der Sprung womöglich was ändern würde, in mir drin, meine ich« (R 57 | K 60 f.). Es wird klar, dass der Sprung vom Zehnmeterbrett für Motte nicht einfach nur ein Adrenalinkick oder ein Zeitvertreib ist, er steht für die Überwindung einer Angst, die er bislang nicht besiegen konnte.

Typisches Verhaltensmuster

Dass er schon obenstehend immer wieder umgedreht ist, passt zu seinem sonstigen Verhalten: Er verlässt Situationen, wenn er sich einer Herausforderung nicht gewachsen, sich gar überfordert fühlt (vgl. Ausführungen zum Thema Sprachlosigkeit, aber auch seine Flucht aus dem Kino bei der Verabredung mit Jacqueline oder das wortlose Stehenlassen Steffis, nachdem sie ihm aus der Patsche geholfen hat. Natürlich lässt sich auch sein Fernbleiben vom Krankenhaus in diesem Kontext interpretieren). Er selbst ahnt, dass es etwas für ihn ändern würde, könnte er sich zum Sprung überwinden – auch wenn er diesen Gedanken Motte-typisch direkt im Anschluss ironisch aufbricht: »Vielleicht stimmte das aber auch gar nicht. Am Ende war es nur das, was man immer erzählt bekam, und es zwiebelte einem nach dem Sprung nur tagelang die Pelle, alles andere wäre genauso wie vorher« (R 57 | K 61).

Als seine Schritte Motte nach Bogis Tod Richtung Freibad lenken, »wartete es darauf, in den nächsten Tagen wieder geöffnet und mit Wasser, Sonne und Leben geflutet zu werden« (R 224 | K 236). Wieder steht ihm die für ihn nahezu unerträgliche Gleichzeitigkeit der Dinge vor Augen, wenn er mutmaßt, dass in dem Moment von Bogis Tod »jemand seelenruhig mit seinem Rasenmäher hier entlanggelaufen« (R 225 | K 236) ist. Womöglich ist es die in ihm aufkeimende niederschmetternde existenzielle Erkenntnis, dass es »außer vielleicht für die paar Menschen, die einen kannten, und nicht mal das war sicher – vollkommen bedeutungslos [ist], ob man da war oder nicht« (R 225 | K 237), in Kombination mit einer großen Menge Alkohol intus, die ihn schließlich den Sprungturm erklimmen lässt. Oben stellt er fest, dass er zu betrunken ist, um wieder herunterzuklettern, was bedeutet, dass er oben sitzen bleiben muss, bis er wieder nüchtern ist – oder springen (R 229 | K 241). »Ich wollte mal gucken, ob ich immer noch Angst habe« (R 237 | K 249), antwortet Motte auf Günter Reusers Frage, was er denn mitten in der Nacht auf dem Zehnmeterturm mache. Dessen Antwort mutet geradezu weise an: »Dass man Angst hat, bedeutet ja nicht, dass mans nicht machen kann. […] Und es kann doch sein, dass es viel mutiger ist, was trotzdem zu tun, auch wenn man Angst davor

Mut: Dinge trotz Angst tun

hat« (R 237 f. | K 249 f.). Mottes Zustand und Günter Reusers Worte führen dazu, dass Motte den Sprungturm diesmal auf keinen Fall über die Leiter verlassen will und sich plötzlich ganz vorne an der Kante wiederfindet. Ein bewusster Sprung ist es letztlich nicht, aber Motte befindet sich nolens volens auf dem Weg gen Becken. Im letzten Moment gewinnt er die Hoheit über seinen Körper zurück und zieht die Beine an, sodass er nicht gänzlich unkontrolliert auf der Wasseroberfläche aufschlägt. Im Wasser schwebend, der Welt an der Oberfläche entrückt, lässt er endlich seine Gefühle zu: »Zum ersten Mal, seit ich aus dem Krankenhaus rausgelaufen war, merkte ich, wie groß diese Traurigkeit wirklich war und dass sie vielleicht für immer bleiben würde« (R 239 | K 251). Auch wenn er danach vorübergehend verstummt, weil er nicht weiß, wie er weiterleben soll, was es überhaupt noch zu sagen gibt, ein mehrwöchiger Therapieaufenthalt nötig wird und er sich auch danach noch auf Bogis Trauerfeier den üblichen Ritualen verweigert, markiert dieser »Sprung« vom Zehnmeterbrett den Anfang seiner Auseinandersetzung mit den Themen und Herausforderungen, vor denen er immer davongelaufen ist. Das erste zaghaft gekrächzte Wort am Schluss an Bogis Grab deutet die Möglichkeit einer positiven Entwicklung zumindest an.

7. Autor und Zeit

Biografie

Matthias Frederik Brandt, 1961 in Berlin geboren und in Bonn aufgewachsen, ist der dritte und jüngste Sohn des ehemaligen Bundeskanzlers Willy Brandt. Er hat zwei ältere Brüder, Peter (Historiker, geboren 1948) und Lars (Schriftsteller und Filmemacher, geboren 1951), sowie eine Halbschwester, Ninja (ehemalige Lehrerin, geboren 1940), aus der ersten Ehe seines Vaters. Brandt selbst ist verheiratet und hat eine erwachsene Tochter. Er lebt in Kleinmachnow, einer Gemeinde in Brandenburg, südwestlich von Berlin.

■ Kanzlersohn

■ Familie

Sein schauspielerisches Debüt, wenn man so will, gibt Brandt 1972 in der Aula eines Gymnasiums, als er mit dem Bonner Kindertheater den König im Märchen *Dornröschen* spielt. Das mediale Interesse ist groß, im Publikum sitzen schließlich der Bundeskanzler und seine Frau.[18] In den Jahren der Kanzlerschaft Willy Brandts steht auch dessen jüngster Sohn im Blick der Öffentlichkeit – und unter Personenschutz. Von einer gewöhnlichen Kindheit kann also keine Rede sein. Die Brüder sind schon älter und selbstständiger, Peter ist gar nicht erst mit nach Bonn gezogen, sondern zum Studieren in Berlin geblieben, sodass der junge Matthias der medial präsente Kanzlersohn wird. Für einige Jahre gehört Matthias Brandt

■ Kindheit im Blick der Öffentlichkeit

18 Vgl. Torsten Körner, *Die Familie Willy Brandt*, Frankfurt a. M. 2013, S. 334.

Abb. 7: Matthias Brandt liest aus seinem ersten Roman *Blackbird*, 2020 – © IMAGO

zu den meistfotografierten Prominentenkindern der Bundesrepublik Deutschland. Fotografen verfolgen die Brandts auf Schritt und Tritt, auch inszenierte Familienmomente wie der gemeinsame Besuch von Vater und Sohn auf einem Volksfest oder in der Kanzlervilla gedrehte Dokumentationen gehören dazu.[19] Im Alter von 13 Jahren, nach dem Ende der Kanzlerschaft Willy Brandts, lässt die mediale Dauerbeobachtung nach, auch wird sein Personenschutz abgezogen. »Dafür war ich sehr dankbar. Das wäre ein beschissenes Alter gewesen, um mit einem Schatten herumzulaufen«[20], kommentiert Brandt diese Erinnerung.

19 Vgl. Körner (s. Anm. 18), S. 343.
20 Peter Kümmel, »›Wer sind die Geister?‹ Ein Gespräch mit dem Schauspieler Matthias Brandt […]«, in: *Die Zeit*

Brandt macht 1981 Abitur und absolviert zwischen 1982 und 1986 an der Hochschule für Musik, Theater und Medien Hannover seine Schauspielausbildung. »Als Matthias sich entschloss, Schauspieler zu werden, war Peter bereits promovierter Historiker, und Lars Brandt studierte beflissen Politikwissenschaft. Kanzler-Söhne wurden bis dahin Rechtsanwälte, Unternehmer, sie wurden was Ordentliches, was Bürgerliches, einen schauspielenden Kanzlersohn hatte es bis zu diesem Zeitpunkt noch nicht gegeben […].«[21] Sein erstes Engagement erhält Matthias Brandt am Oldenburgischen Staatstheater, er bleibt dort drei Jahre. Es folgen Theater-Stationen in Wiesbaden, Mannheim, Bonn, München, Berlin, Zürich, Bochum und Frankfurt. Während seine Mutter Rut, zu der Matthias Brandt ein enges Verhältnis hatte, seine Theaterkarriere aktiv verfolgt und ihn häufig spielen sieht, erlebt Willy Brandt seinen Sohn nur einmal auf der Bühne (1988). Diesem gefällt die Aufmerksamkeit nicht, die der prominente Vater im Publikum auf sich zieht und letztlich auch auf ihn selbst richtet, sodass er ihn bittet, fortan von spontanen Theaterbesuchen abzusehen.[22]

Schauspielausbildung und Theaterkarriere

Bereits Ende der 1980er Jahre steht Brandt auch das erste Mal vor der Kamera, der Schwerpunkt seiner

(22. 11. 2020). Online einsehbar unter: www.zeit.de/2020/48/matthias-brandt-kriminalfilm-mord-schauspiel (Stand: 5. 10. 2023).

21 Körner (s. Anm. 18), S. 341.

22 Vgl. Körner (s. Anm. 18), S. 353 f.

Abb. 8: Das Ehepaar Brandt und Sohn Matthias mit ihrem Hund Bastian im Garten der Dienstvilla des Bundeskanzlers auf dem Bonner Venusberg, 2. November 1972 – © Bundesregierung / Detlef Gräfingholt

schauspielerischen Arbeit verlagert sich ab dem Jahr 2000 auf Film und Fernsehen. Viel beachtet ist beispielsweise seine Rolle als Günter Guillaume in dem Film *Im Schatten der Macht* aus dem Jahr 2003 – überraschte es doch die damalige Medienwelt, dass Brandt den DDR-Spion verkörpert, der seinen Vater letztlich (zumindest anteilig) zu Fall gebracht hat. Zwischen 2011 und 2018 ist Matthias Brandt in insgesamt 15 Folgen als Hauptkommissar Hanns von Meuffels in der ARD-Krimireihe *Polizeiruf 110* zu sehen.

Film und Fernsehen

2016 erscheint mit *Raumpatrouille* sein literarisches Debüt.

Literarisches Debüt

Weitere Werke, weiteres Wirken

Matthias Brandt ist ein enorm produktiver Künstler. Bis dato hat er bei über 80 Kino- und Fernsehprojekten mitgewirkt; zu seinen bekanntesten Serien zählen der bereits erwähnte *Polizeiruf 110* oder die Erfolgsserie *Babylon Berlin*. Knapp 30 eingesprochene Hörbücher beziehungsweise Hörspiele komplettieren seine (bisherige) Werkübersicht.

Sowohl für seine darstellerischen Leistungen als auch für seine Tätigkeit als Hörbuchsprecher ist Matthias Brandt mit zahlreichen Preisen ausgezeichnet worden – unter anderem mit dem *Grimme-Preis*, der *Goldenen Kamera*, dem *Deutschen Fernsehpreis* und dem *Deutschen Hörbuchpreis*.

Vielfach ausgezeichnet

Nachfolgend werden exemplarisch einige seiner aktuellen Werke vorgestellt.

2016: *Raumpatrouille* (Geschichten)

Brandts literarisches Debüt erzählt autobiografische Geschichten einer Kindheit in den 1970er Jahren. Es sind die Geschichten einer außergewöhnlichen Kindheit als Sohn des Bundeskanzlers, zu dessen Leben die Allgegenwärtigkeit von Personenschützern und Fotografen gleichermaßen gehört und in denen bekannte Namen aus dem damaligen Politik-Kosmos auftauchen, aber auch Geschichten einer Kindheit, wie jeder sie kennt und in der Fahrradausflüge, Fußball und Astronauten manchmal das Wichtigste auf

Kindheitsgeschichten

der Welt sind. Brandt selbst hat seinem Buch folgendes Statement vorangestellt: »Alles, was ich erzähle, ist erfunden. Einiges davon habe ich erlebt. Manches von dem, was ich erlebt habe, hat stattgefunden.«[23]

Entstanden ist der Erzählband im engen Austausch mit dem Musiker Jens Thomas, mit dem Brandt seit 2013 gemeinsam Bühnenprogramme entwickelt. In der Wort-Musik-Collage *LIFE – Raumpatrouille und Memory Boy* kommen Brandts Kindheitserinnerungen gemeinsam mit Songs von Thomas zur Aufführung. »*Raumpatrouille* und *Memory Boy* entstanden parallel und in ständigem Austausch, mal entwickelte sich der Song aus einer Geschichte, dann wieder war es andersherum. Text und Musik werden sich in einer gemeinsamen Bühnenarbeit begegnen und verweben«[24], beschreibt Brandt selbst das Projekt.

2022: *King of Stonks* (Fernsehserie)

Finanzsatire nach wahrer Begebenheit

King of Stonks ist eine sechsteilige Netflix-Produktion des Regisseurs Jan Bonny, inspiriert von realen Begebenheiten. Angelehnt an den Wirecard-Skandal handelt die satirische Serie von Aufstieg und Fall des Finanzdienstleistungsunternehmens *Cable Cash*, des-

23 Matthias Brandt, *Raumpatrouille. Geschichten*, Köln 2016 [Vorwort].
24 Matthias Brandt über das gemeinsame Projekt mit Jens Thomas auf der Website zum Buch *Raumpatrouille* bzw. im Nachwort des Buches selbst. Online einsehbar unter: www.brandt-raumpatrouille.de/projekt (Stand: 5. 10. 2023).

sen CEO Magnus A. Cramer von Brandt gespielt wird. Cramer ist ein größenwahnsinniger Narzisst, der den Bezug zur Realität immer mehr verliert, während sein Mitarbeiter Felix Armand (gespielt von Thomas Schubert) versucht, eine Katastrophe nach der nächsten abzuwenden, obwohl sein Boss ihm die längst versprochene Beförderung zum Co-CEO immer wieder verwehrt. Neben den Machenschaften der digitalen Finanzwelt und komplexen wirtschaftlichen und politischen Verflechtungen nimmt die Serie vor allem die Hybris vermeintlich visionärer Genies wie Cramer in den Blick.

Die Serie wurde in ihrem Erscheinungsjahr mit dem *Bernd Burgemeister Fernsehpreis* und dem *Preis der Deutschen Akademie für Fernsehen* ausgezeichnet sowie im Jahr 2023 mit dem *Deutschen Fernsehpreis*.

2023: *Roter Himmel* (Spielfilm)

Beziehungsdrama

In dem Beziehungsdrama von Regisseur Christian Petzold spielt Brandt die Rolle des an Krebs erkrankten Verlegers Helmut, der das Manuskript des jungen Schriftstellers Leon (ebenfalls gespielt von Thomas Schubert) betreut. Leon ist mit seinem Freund Felix in das Ferienhaus von dessen Mutter gefahren, um an seinem Roman zu arbeiten. Dort, an der von Waldbränden bedrohten Ostseeküste, treffen sie auf Eisverkäuferin Nadja und Rettungsschwimmer Devid. Die vier jungen Menschen begegnen sich in verschiedenen Konstellationen, während die Gefahr durch das Feuer immer näher rückt. Leon, der seine Gefühle für Nadja nicht artikulieren kann und sich daher der Gruppe gegenüber zunehmend abweisend und genervt zeigt, leidet unter dem Verhalten Helmuts, der sich bei seinem Besuch im Ferienhaus für die jeweilige Arbeit von Nadja und Felix begeistert, Leons Manuskript aber kaum Beachtung schenkt.

Ähnlichkeit zwischen Schauspielerei und Schreiben

Das Schreiben unterscheidet sich für Brandt nach eigener Aussage im Grundsatz kaum von seiner Tätigkeit als Schauspieler: »Das, was ich schreibe, funktioniert […] ganz stark darüber, sich in die Figuren zu begeben. […] Insofern ist das Schreiben und Spielen nichts, was nebeneinanderstünde – geschweige denn in Konkurrenz zueinander. Das eine ergibt sich aus dem anderen. Die Schauspielerei ist aber immer der Ausgangspunkt, das Zentrum von dem, was ich mache.«[25] Geleitet werde er in beiden Kunstformen vom Interesse am Menschen – seinen Handlungsmotiven und Widersprüchen. »Auch in der schauspielerischen Arbeit habe ich immer ein großes Interesse für Dinge, die nicht funktionieren. Weil ich glaube, dass das Leben im Wesentlichen aus Geschehnissen besteht, bei denen etwas nicht funktioniert. Mehr jedenfalls als andersherum. Das ist nichts Schlimmes, finde ich. Dazu gilt es eine Haltung zu entwickeln. Was mir entgegenkommt: Dieses Nicht-Funktionieren hat immer ein sehr großes komisches Potenzial. Und ich mag da

Interesse am Menschen

25 Schneider (s. Anm. 6).

Abb. 9: Matthias Brandt als Ermittler Hanns von Meuffels (Polizeiruf 110) – © IMAGO / APress

gerne hinschauen. Ich habe Leute und Figuren gerne, bei denen Sachen nicht klappen.«[26] In dieser Beschreibung ist auch der Protagonist aus *Blackbird* wiederzuerkennen, denkt man nur an Mottes Annäherungsversuche an Jacqueline oder sein Verhältnis zum Sprungturm im Freibad.

26 Schneider (s. Anm. 6).

8. Rezeption

Roman für sich sprechen lassen

Als der Roman im Sommer 2019 erschien, machte sich sein Autor erst einmal rar. Im Gegensatz zu seinen Filmen, für die Brandt als Schauspieler üblicherweise zahlreiche Werbeauftritte zu absolvieren hat, wollte er sein Buch für sich sprechen lassen. »Mit dem Konfettiwagen davor herzulaufen«[27], fand er dem Roman nicht angemessen. Auch wollte er Zuschreibungen vermeiden, die den Eindruck erwecken, es ginge ihm als Schauspieler mit dem Schreiben nur darum, eine Art »Nebenwichtigtuerei«[28] zu betreiben. Auch wenn einige Rezensenten in ihren Kritiken zu *Blackbird* tatsächlich das Bild des schreibenden Schauspielers aufgriffen, eine Kategorisierung von außen, mit der Brandt nach eigener Aussage wenig anzufangen weiß[29], fiel der überwiegende Teil der Besprechungen positiv aus. Besonders hervorgehoben wird dabei häufig Brandts Fähigkeit, das Nebeneinander von Existenziellem und Banalem mit Worten erfahrbar zu machen und dies – trotz all der Erschütterungen, die der Roman enthält – auch auf eine leichte Weise. »Matthias Brandt hat mit ›Blackbird‹ einen zarten, brutal traurigen und immer wieder auch knallkomischen Roman über diese verfluchte Gleichzeitigkeit von Existenziellem und Nebensächlichem geschrieben, die das Grundmuster unseres Daseins ausmacht und dennoch kaum zu fassen

27 3nach9 (s. Anm. 12).
28 3nach9 (s. Anm. 12).
29 Vgl. 3nach9 (s. Anm. 12).

ist«[30], rezensiert beispielsweise Wiebke Porombka bei *Deutschlandfunk Kultur*. Auch Liane Schüller verweist an mehreren Stellen ihrer Rezension auf der Website *literaturkritik.de* auf dieses Distinktionsmerkmal des Romans: »Brandt verwebt tragikomische Momente mit den Alltagserfahrungen eines unsicheren, hilf- und ratlosen Jugendlichen, der mit den Eruptionen seiner Gefühlswelt und dem Erwachsenwerden zu kämpfen hat. Das ist teils traurig, teils komisch. […] Matthias Brandt entwirft tieftraurig-melancholische und intensiv-poetische Szenen, in die er durch selbstkritische Reflexionen und ironische Kommentare der Hauptfigur eine Prise Humor mischt.«[31] Elmar Krekeler, Rezensent der Zeitung *Die Welt*, sieht ebenfalls genau darin eine Stärke des Romans: »Motte ist ein Meister darin, sich die Wirklichkeit vom Leib zu witzeln. Das könnte jetzt nervig sein, wie Pubertierende halt gern nervig sind, wird es aber – das ist eines der größeren Wunder dieses Romans – nicht.«[32]

Ein neuralgischer Punkt in der Bewertung von Texten erwachsener, gar älterer Autoren, die einen ju-

30 Wiebke Porombka, »Leichte, schwere Jugendjahre«, in: *Deutschlandfunk Kultur* (23. 8. 2019). Online einsehbar unter: www.deutschlandfunkkultur.de/matthias-brandt-blackbird-leichte-schwere-jugendjahre-100.html (Stand: 5. 10. 2023).

31 Schüller (s. Anm. 3).

32 Elmar Krekeler, »Zwischen Nick und Tschick«, in: *Die Welt* (29. 8. 2019). Online einsehbar unter: www.welt.de/print/welt_kompakt/print_literatur/article199333076/Zwischen-Nick-und-Tschick.html (Stand: 5. 10. 2023).

Eindruck von Authentizität?

Referenztext *Tschick*

gendlichen Erzähler zu Wort kommen lassen, ist stets die Sprache: Gelingt es, den Eindruck von Authentizität zu erwecken oder wirken der jugendliche Sprachduktus und die Wortwahl des Teenagers aufgesetzt? Auch bei *Blackbird* fällt das Urteil der Kritiker diesbezüglich ambivalent aus. Während Liane Schüller der Ansicht ist, dass »Mortens Jugendsoziolekt [...] sich hier und da durch flapsig-unbeholfenes Sprechen auszeichnet, aber nie künstlich aufdringlich wirkt«[33], konstatiert Welf Grombacher in seiner Rezension für die *Neue Westfälische*, Brandt schreibe, wie ihm der Schnabel gewachsen sei. Grombacher kommt zu der grundsätzlichen Einschätzung, dass es Brandt nicht gelinge, »einen eigenen Erzählton zu finden«[34], zudem sei die Handlung absehbar, wirke der Roman beliebig. Ganz anders sieht dies der Rezensent der *Süddeutschen Zeitung*, Nicolas Freund, der Brandts Leistung, gerade über ein so häufig behandeltes Thema wie das des Erwachsenwerdens auf seine eigene Art und Weise zu schreiben, hervorhebt: »So schön treffend und rührend wie in ›Blackbird‹ wurde die (oft erzählte) Jugend schon lange nicht mehr beschrieben.«[35] Elmar Krekeler zieht mit Wolfgang Herrndorfs *Tschick* aus dem Jahr 2010 einen enorm erfolgreichen Jugendro-

33 Schüller (s. Anm. 3).

34 Welf Grombacher, »Matthias Brandt legt seinen ersten Roman vor«, in: Neue Westfälische (1. 9. 2019). Online einsehbar unter: www.nw.de/nachrichten/kultur/kultur/22549955_Matthias-Brandt-legt-seinen-ersten-Roman-vor.html (Stand: 5. 10. 2023).

35 Freund (s. Anm. 17).

man als Referenztext heran und verdeutlicht so, welchen Stellenwert *Blackbird* für ihn hat: »Es gibt alle zehn Jahre wieder Texte, die sich mutig ins Minenfeld der Pubertätserzählungsklischees wagen, zu einer eigenen und eigenartigen Sprachmelodie darüber hinwegtanzen und einen am Ende versöhnt und getröstet mit dieser menschlichen Sondererlebniszone (auch der eigenen natürlich) zurücklassen. Wolfgang Herrndorfs ›Tschick‹ war so ein Buch. Matthias Brandts ›Blackbird‹ ist auch eines.«[36]

Natürlich fehlt in keiner Rezension der Verweis auf Brandts Prominenz als Schauspieler und Sohn des ehemaligen Bundeskanzlers Willy Brandt. Somit war *Blackbird* auch ohne Werbeauftritte seines Autors eine gewisse Aufmerksamkeit von vornherein sicher, auch, weil Brandts Debüt *Raumpatrouille* im Jahr 2016 von der Kritik sehr positiv aufgenommen worden ist.

36 Krekeler (s. Anm. 32).

9. Wort- und Sacherläuterungen

R 7,11 | K 7,19 **Kassaplancka:** Gemeint ist der Film *Casablanca* aus dem Jahr 1942, ein Liebesfilm mit Humphrey Bogart in der Hauptrolle.

R 7,12 | K 7,20 **Bogart:** Humphrey Bogart, US-amerikanischer Schauspieler (1899–1957).

R 13,28 f. | K 15,9 f. **Dieter Thomas Heck:** deutscher Schlagersänger, Moderator und Entertainer (1937–2018).

R 14,5 | K 15,17 **Led Zelepin:** Gemeint ist die britische Rockband *Led Zeppelin.*

R 16,13 | K 17,27 **Zivi:** Zivildienstleistender; der Zivildienst war zu Zeiten der Wehrpflicht (bis 2011) der häufigste Ersatzdienst für Wehrdienstverweigerer.

R 16,13 | K 17,27 **Drückeberger:** Abfällige Bezeichnung Kraglers für Personen, die den Wehrdienst verweigern und Zivildienst leisten, statt zur Bundeswehr zu gehen.

R 18,6 | K 19,22 **Schlesien:** Region in Mitteleuropa, die heute größtenteils zu Polen gehört, bis zum Zweiten Weltkrieg aber zu weiten Teilen deutsches Hoheitsgebiet war.

R 19,11 | K 20,30 **Scheuermann:** Morbus Scheuermann oder auch Scheuermann-Krankheit; Wachstumsstörung der Wirbelsäule, die während der pubertätsbedingten Wachstumsschübe auftreten kann.

R 23,16 f. | K 25,11 **Non-Hodgkin-Lymphom:** Krebserkrankung, die von Zellen des lymphatischen Systems ausgeht.

R 29,10 f. | K 31,15 **Super-8-Projektor:** Super 8 ist als Filmformat der Vorgänger der Videotechnik. Zum Abspielen der Filmrollen brauchte man einen entsprechenden Projektor.

R 36,17 | K 39,3 **Cappy:** Getränkemarke.

R 40,21 | K 43,1 **Uren und Wisenten:** Plural von Ur und Wisent; der Ur oder Auerochse ist ein mittlerweile ausgerottetes Wildrind, auch der Wisent, eine europäische Bisonart, war zwischenzeitlich vom Aussterben bedroht.

R 41,18 | K 44,1 **poussieren:** jemanden umschmeicheln, um jemandes Gunst werben.

R 41,28 | K 44,11 **Heinz Schenk:** deutscher Schauspieler, Showmaster und Sänger (1924–2014).

R 46,12f. | K 49,20 f. **Pardon oder so:** gemeint ist *Pernod*, ein hochprozentiges französisches Getränk auf der Basis von Anis.

R 46,13 | K 49,21 **frankophil:** Frankophilie bezeichnet die Liebe bzw. Begeisterung für alles Französische (Küche, Kultur, Land, Sprache).

R 51,12 | K 54,24 **Marabu:** storchartige Vogelart aus Afrika.

R 62,16 | K 66,12 **Bowie … »Low«:** *Low* ist ein Studioalbum des britischen Sängers David Bowie (1947–2016), das zur Zeit der Romanhandlung, 1977, erschienen ist.

R 72,7 f. | K 75,17 f. **Geschichte von Franz Kafka mit dem Käfer:** Gemeint ist die Erzählung *Die Verwandlung* von Franz Kafka aus dem Jahr 1912, in der der Protagonist eines Morgens als Käfer erwacht.

R 72,13 | K 75,23 **Samson, oder wie der hieß:** Gregor

Samsa ist der Name des Protagonisten aus Kafkas *Verwandlung*.

R 73,7 f. | K 76,21 **Inkommodieren:** jemandem Umstände oder Unannehmlichkeiten bereiten.

R 73,8 | K 76,21 **vermaledeit:** verflixt, verdammt.

R 78,20 | K 82,10 **Churchill:** Winston Churchill (1874–1965), zweimaliger Premierminister Großbritanniens, auch während des Zweiten Weltkriegs.

R 80,20 f. | K 84,14 f. **Geschichte mit dem Schattenverkaufen:** Hier spricht Motte von Adelbert von Chamissos Kunstmärchen *Peter Schlemihls wundersame Geschichte* aus dem Jahr 1813, in welchem der Protagonist seinen Schatten an den Teufel verkauft.

R 81,22 | K 85,17 **mit Schlagseite:** betrunken oder zumindest stark verkatert.

R 81,26 | K 85,21 **Le Beaujolais primeur est arrivée:** Jährliche Ankündigung, dass der Beaujolais des aktuellen Jahres bei den Weinhändlern eingetroffen ist und zum Verkauf bereitsteht. Traditionell erfolgt dies am dritten Donnerstag im November. Der Beaujolais ist ein fruchtiger Rotwein aus Frankreich.

R 103,4 | K 108,4 **Litfaßsäule:** Anschlagsäule für Werbeplakate.

R 110,12 f. | K 115,28 f. **Tony Marshall:** deutscher Schlagersänger (1938–2023), der 1971 durch das Lied »Schöne Maid« bekannt geworden ist, an das sich Motte missmutig erinnert fühlt, als Callum ihn mit »Hi, Mate« begrüßt.

R 111,19 | K 117,6 **Bilitis:** Erotischer Film über eine siebzehnjährige Internatsschülerin aus dem Jahr 1977.

R 133,19 | K 140,13 **Lorbass:** Taugenichts.

R 135,2 | K 141,28 **Kasalla:** Krawall, Ärger, auch die Androhung von Handgreiflichkeiten bedeutend; Kragler verwendet das Wort wohl, um Walki nochmal extra zu motivieren.

R 146,3 f. | K 153,23 **Javaanse Jongens:** Tabakmarke.

R 147,8 | K 154,29 **Rizlas:** Rizla ist eine Marke für Zigarettenpapier.

R 157,28 | K 166,1 f. **Stan und Ollie:** Stan Laurel (1890–1965) und Oliver Hardy (1892–1957); äußerst erfolgreiches Komiker-Duo, das in Deutschland als »Dick und Doof« bekannt ist und in dessen Filmen häufig Dinge zerstört werden, weswegen Steffi das als Vergleich für den Zerfall von Mottes Zuhause heranzieht.

R 164,26 | K 173,9 **Bonanzarad:** in den 1970er Jahren in Deutschland populär gewordenes Fahrrad, das aus den USA stammt. Charakteristisch für ein Bonanzarad sind die kleinen Räder, der Bananensattel und der sehr lange Lenker.

R 167,17 f. | K 176,4 **Karel Gott:** tschechischer Sänger und Komponist (1939–2019), unter anderem bekannt als Interpret des Titellieds der Zeichentrickserie *Biene Maja* aus dem Jahr 1976.

R 169,6 | K 177,24 **Chicago:** 1967 in Chicago gegründete Rockband, die in den 1970er Jahren vor allem Balladen komponierte, was wohl der Grund für Mottes abfällige Bemerkung über die Band ist.

R 169,16 | K 178,5 **Ricky Shayne:** französisch-libanesischer Schlagersänger (geboren 1944), der zeitweise auch in den deutschen Charts erfolgreich war.

R 170,4 f. | K 178,25 **Santa Esmeralda:** 1977 gegründetes Studioprojekt mit wechselnden Musikern und Sängern, deren erste Single »Don't Let Me Be Misunderstood« weltweit in Discos gespielt wurde und auch in Deutschland mehrere Wochen Platz 1 der Charts belegte.

R 170,16 | K 179,6 **Stooges:** *The Stooges*, 1967 gegründete US-amerikanische Rockband, deren Sänger Iggy Pop als Wegbereiter des Punkrock gilt.

R 171,4 | K 179,26 **Weißen Album der Beatles:** gemeint ist das 1968 veröffentlichte Doppelalbum *The Beatles* der gleichnamigen Band, das wegen seines weißen Covers auch *Weißes Album* bzw. *The White Album* genannt wird. Auf der Seite 2 der ersten Platte dieses Albums befindet sich auch der Song »Blackbird«.

R 172,7 f. | K 181,1 **Pattex:** Klebstoffmarke.

R 172,15 | K 181,8 **Talking-Heads:** zur Zeit der Romanhandlung relativ neue Rockband – 1975 in New York gegründet. *More Songs About Buildings and Food*, für das sich Motte beim Besuch der neu eröffneten Rockworld-Filiale interessiert, ist das zweite Album der Band und 1978 erschienen.

R 172,16 | K 181,9 **BFBS:** Abkürzung für *British Forces Broadcasting Service*, einen britischen Militärsender, der als *BFBS Germany* auch in Deutschland empfangbar war und bis heute ist. Der Programmschwerpunkt liegt auf Musiksendungen. Besondere Bedeutung kam Sendern wie diesen zu, als im deutschen Rundfunkprogramm noch kaum englischsprachige Popmusik gesendet wurde.

R 175,25 f. | K 184,23 **»Rattus Norvegicus«:** Debütalbum der britischen Punkrock-Band *The Stranglers* aus dem Jahr 1977.

R 179,30 | K 189,10 **Leukowerte:** Abkürzung für Leukozytenwerte. Leukozyten sind weiße Blutkörperchen, deren Aufgabe die Abwehr von Krankheitserregern ist.

R 188,11 | K 198,1 f. **das eiskalte Händchen aus der Addams-Family:** in den 1960er Jahren sehr erfolgreiche Fernsehserie über die exzentrische Familie Addams, die auf einen in den 1930ern im Magazin *The New Yorker* erschienenen Cartoon des Zeichners Charles Addams zurückgeht. »Eiskaltes Händchen« ist eine abgetrennte Hand, die mit der Familie zusammenlebt und verschiedene Aufgaben erledigt. Um die Figur Wednesday aus der Addams-Family dreht sich auch die 2022 bei Netflix erschienene gleichnamige Comedy-Horror-Serie, in der auch Eiskaltes Händchen eine wichtige Rolle spielt.

R 204,5 | K 214,16 **DKP:** Abkürzung für die *Deutsche Kommunistische Partei.*

R 204,9 | K 214,20 f. **MSB Spartakus:** Abkürzung für den *Marxistischen Studentenbund Spartakus*, in den 1970er Jahren einer der einflussreichsten Studentenverbände der BRD, der DKP zugehörig.

R 206,18 | K 217,4 **»Born to be wild«:** Song der amerikanisch-kanadischen Band *Steppenwolf* aus dem Jahr 1968; Titelsong des Roadmovies *Easy Rider* und seitdem Kultsong der Motorrad-Szene und untrennbar mit dem Gefühl von Freiheit assoziiert.

R 210,14 | K 221,8 **Krepps Suzette:** Crêpe Suzette; französische Süßspeise mit Orangensirup.

R 211,11 | K 222,7 **Angelo-Branduardi-Platte:** Angelo Branduardi (geboren 1950), italienischer Musiker und Sänger, der zwischen 1977 und 1979 auch international erfolgreich wurde.

R 211,26 | K 222,22 **Herman van Veen:** niederländischer Liederkomponist, Sänger und Schauspieler (geboren 1945), der in Deutschland heutzutage besonders als Schöpfer der Zeichentrick-Ente Alfred Jodocus Kwak bekannt ist.

R 215,5 f. | K 226,7 f. **Schleifahrt:** Die Schlei ist ein Meeresarm der Ostsee und liegt in Schleswig-Holstein.

R 216,10 | K 227,15 **Mike Oldfield, »Tubular Bells«:** 1973 veröffentlichtes, fast komplett instrumental gehaltenes Debütalbum des britischen Sängers, das dem Genre des Progressive Rock zugeordnet wird.

R 216,13 | K 227,18 **Pink Floyd:** 1965 gegründete englische Rockband, die zu den erfolgreichsten Bands überhaupt zählt.

R 225,15 | K 236,23 **Zwille:** Steinschleuder.

R 240,15 | K 252,15 f. **Underberg:** hochprozentiger Magenbitter auf Kräuterbasis.

R 247,17 | K 260,6 **»Blackbird«:** Song der *Beatles* auf dem *Weißen Album.*

R 252,27 | K 265,24 **»Horse with no name«:** Lied der britisch-amerikanischen Folk-Rock-Band *America,* 1971 veröffentlicht.

R 260,9 | K 273,14 **Roter Afghane:** Dieter bringt hier die beiden Haschischarten »Roter Libanese« und »Schwarzer Afghane« durcheinander.

R 261,24 f. | K 275,3 f. **»Year of the Cat« von Al Stewart:**

Song des Singer-Songwriters Al Stewart aus dem Jahr 1976. In der ersten Zeile des Textes wird ein »Bogart movie« erwähnt, was eine Anspielung auf den Film *Casablanca* ist, dem Bogi seinen Spitznamen zu verdanken hat.

10. Prüfungsaufgaben mit Lösungshinweisen

Aufgabe 1: Eine literarische Figur charakterisieren

Arbeitsauftrag: Charakterisieren Sie die Figur Stefanie Fuchs (Steffi).

Lösungshinweise

In einer literarischen Charakteristik wird eine Figur eines literarischen Textes genau untersucht, um ihren Charakter und ihre Funktion, ihre Rolle innerhalb der Handlung verstehen, deuten und schlussendlich bewerten zu können. Man unterscheidet zwischen einer direkten Charakterisierung, die durch Beschreibungen der Figur durch den Erzähler, andere Figuren oder die Figur selbst zustande kommt, und einer indirekten Charakterisierung, zu der etwa Verhaltensmerkmale oder bestimmte Äußerungen der Figur zählen, die Rückschlüsse auf ihren Charakter zulassen.

In der Einleitung werden die wichtigsten Rahmeninformationen gegeben: Autor, Titel, Erscheinungsjahr, Gattung und Thema des Textes, Name der Figur und ihre Rolle innerhalb der Handlung.

Im Hauptteil werden zunächst die äußeren, augenscheinlichen Eigenschaften und Merkmale einer Figur wie zum Beispiel Geschlecht, Alter, Aussehen, Beruf, Hobbys, soziale Stellung und Gewohnheiten beschrieben. Vom Offensichtlichen arbeitet man sich zu den versteckteren

Eigenschaften vor: Gefühle, Denkweisen, Einstellungen, Motive, Abneigungen, Sprache, Konfliktverhalten, Beziehung zu anderen Figuren und Entwicklung. Wichtig ist es, die charakterlichen ›Graustufen‹ einer Figur aufzuspüren und nicht schlicht ihre positiven und negativen Eigenschaften einander gegenüberzustellen.

Abgerundet wird die literarische Charakteristik durch einen Schlussteil, der eine begründete Bewertung der Figur und ihrer Rolle beziehungsweise Funktion innerhalb der Handlung enthalten sollte.

Alle Aussagen müssen am Text belegt werden, daher empfiehlt es sich zur Vorbereitung einer Charakteristik zu den einzelnen Aspekten Textstellen herauszusuchen und diese zum Beispiel in Form einer Mindmap zu systematisieren.

Für Informationen zur Figur Steffi kann auf die entsprechende Passage in Kapitel 3 »Figuren« dieses Lektüreschlüssels zurückgegriffen werden, essentielle Aspekte und Textstellen werden an dieser Stelle ebenfalls angeführt.

Wichtig bei der Charakterisierung einer Figur ist die Berücksichtigung der Erzählsituation. Alles, was der Leser weiß, weiß er von Motte. Es handelt sich um seine subjektive Darstellung, nicht um objektive Fakten.

Äußeres:

- Stefanie Fuchs, genannt Steffi, kennt Motte aus der gemeinsamen Grundschulzeit
- macht eine Schornsteinfegerlehre und kellnert in der »Umleitung«

- ist 1,58 m groß
- hat eine leicht hervorstehende Unterlippe, nach hinten stehende Schneidezähne und Grübchen (R 62 | K 66); Motte beschreibt sie als attraktiv, was er allerdings erst wahrnimmt, als er nicht mehr nur Augen für Jacqueline hat (»Ich schaute sie an, warum war mir bis jetzt eigentlich nicht aufgefallen, wie gut sie aussah?«, R 154 | K 162)
- Ihre Frisur wird, zumindest wenn sie ihre Schornsteinfegermütze getragen hat, von Motte mit der von David Bowie auf dem Album-Cover von *Low* verglichen (»Ziemlich genial eigentlich, weil bei dem ja sicher mindestens vierzehn Friseure damit beschäftigt gewesen waren und Steffi einfach ihre Schornsteinfegermütze aufgehabt hatte, und trotzdem war das Gleiche dabei herausgekommen«, R 62 | K 66); ihre Haarfarbe bezeichnet sie als »falb« (R 155 | K 163) – irgendwas zwischen blond, braun und grau.
- hatte im Grundschulalter einen schweren Unfall, als sie von einem Apfelbaum in eine von Laub verdeckte Heugabel gesprungen war; dieses Ereignis ist Motte in Erinnerung geblieben: »Das war das Interessanteste gewesen, was während der ganzen Grundschulzeit passiert war. […] Danach hatten wir Steffi Fuchs immer komisch angesehen, weil wir uns gefragt hatten, ob sie jetzt Löcher im Bauch hatte, wos durchpfiff.« (R 61 | K 64 f.)
- wohnt im gleichen Stadtteil wie Motte nach seinem Umzug (R 153 | K 161)
- wird irgendwann Mottes Freundin, auch wenn sich

kein exaktes Datum für den Beginn ihrer Beziehung festmachen lässt (»Sie war jetzt meine Freundin, glaube ich. Geredet hatten wir darüber zwar nicht, aber musste man das? Ganz sicher war ich mir nicht«, R 166 | K 174 f.)

Inneres:

- findet Motte unterhaltsam, lacht über seine Wortspiele und Witze (R 155, 160 | K 163, 168)
- offen, direkt, initiativ (schreibt Motte eine Postkarte, in der sie deutlich macht, dass sie sich über ein Wiedersehen freuen würde, R 96 | K 101 f.; sagt Motte später auch geradeheraus, dass sie ihn gernhat, R 160 | K 168)
- selbstsicher/selbstbewusst: »Steffi zu widersprechen war gar nicht so leicht [...]« (R 153 | K 161); »Dann ging sie weiter und machte mir ein Zeichen ihr zu folgen« (R 154 | K 162); »Ein paar von Bogis Verwandten hatten deswegen [...] komisch geguckt. Aber das war ihr egal. Steffi war so was immer egal« (R 240 | K 252 f.); weiß aber durch ihr feines Gespür für Situationen und Menschen auch, wann sie sich zurücknehmen muss (ahnt, dass Motte vom Küssen vor Bogi überfordert ist, und hakt sich zum Abschied stattdessen nur bei ihm ein, wofür er dankbar ist [R 175 | K 184]; wartet ganz selbstverständlich vor dem Krankenhaus auf Motte, egal wie lange es auch dauert, und nimmt Motte dann einfach in den Arm. »Dabei konnte sie sonst echt gnatzig werden, wenn ich mal ein paar Minuten zu spät kam«, R 252 | K 264)
- wirkt beruhigend auf Motte (»Außerdem fühlte ich

mich in ihrer Nähe ganz wohl, merkte ich etwas überrascht. Die meisten Leute machten mir Stress, ohne dass sie was dafür konnten. Steffi nicht«, R154 | K162)

- durchschaut ihn in seinem ausweichenden Verhalten und seiner gespielten Heiterkeit (»Steffi guckte mich lange an, zog die rechte Augenbraue hoch und sagte nichts«, R154 | K162); insistiert auch mal und lässt ihn damit nicht davonkommen (»Halt mal den Schnabel jetzt«, R157 | K165; »Nee, nix da, weiß auch nicht, jetzt sag mal«, R158 | K166); zeigt ein Kommunikationsverhalten, das Motte von seiner Familie und seinem Freundeskreis nicht kennt und stellt damit einen Gegenentwurf zur sonst allgegenwärtigen Sprachlosigkeit in seinem Umfeld dar (»Aber ich war das nicht gewöhnt, dass man Dinge so ansprach«, R158 | K166)
- macht sich Mottes Empfinden nach nicht so viele umständliche Gedanken und unnötige Sorgen wie er, sondern erkennt, worauf es in einem Moment ankommt (»Das war das Tolle an Steffi. Sie wusste, worum es ging«, R253 | K266)
- sorgt sich auch um andere Menschen (nimmt die Traurigkeit von Mottes Mutter wahr, erkundigt sich wiederholt nach Bogi und will dessen Eltern auf der Trauerfeier nachgehen, als die aufgelöst die Aussegnungshalle verlassen)
- übernimmt die Initiative, wenn Motte handlungsunfähig ist (vgl. Besuch im Café; Bogis Trauerfeier); steht ihm auch nach seinem Zusammenbruch im Freibad und während seiner Therapie bei, auch wenn Motte ahnt, dass sein wochenlanges Schweigen für sie sehr

schwer sein muss (»Ich glaube, Steffi war manchmal traurig deswegen, aber ich konnte nichts daran ändern«, (R 242 | K 254)

Der letzte Satz des Romans zeigt Steffis Bedeutung für Motte nochmals auf eindrückliche Weise. Als Motte nach der langen Zeit des Schweigens an Bogis Grab sitzend sein erstes Wort spricht, beginnt sie zu weinen. Motte beschreibt diesen Moment folgendermaßen: »Der Tropfen an Steffis Kinn wurde immer größer, und als er runterfiel, spiegelte sich in ihm die ganze Welt.« (R 263 | K 276)

Aufgabe 2: Eine Aussage auf einen literarischen Text beziehen

»Das Erwachsenwerden besteht ja darin, dass Empfindungen immer mehr ineinanderfließen und gleichzeitig stattfinden. Und dann gibt es die Phase zwischen dem Zustand der reinen Emotionen und dem Erwachsensein. Wo man große Schwierigkeiten hat, mit dieser Gleichzeitigkeit, der Widersprüchlichkeit zurechtzukommen.«[37]

Arbeitsauftrag: Zeigen Sie anhand von drei inhaltlichen Aspekten, inwiefern sich diese Auffassung Brandts vom Erwachsenwerden in seinem Roman *Blackbird* wiederfindet. Ziehen Sie geeignete Textstellen zur Illustration heran.

37 Schneider (s. Anm. 6).

Lösungshinweise

- optional: Hinführung zum Kernthema des Zitats (Erwachsenwerden)
- Rahmeninformationen zum Roman (Autor, Titel, Gattung, Erscheinungsjahr, Thema)
- kurzer inhaltlicher Überblick (ermöglicht die organische Anbindung des Zitats)
- Wiedergabe und ggf. Erläuterung des Zitats in eigenen Worten
- Ausführung von drei inhaltlichen Aspekten aus der Romanhandlung, die einen Bezug zum Zitat ermöglichen (mit Textbelegen / geeigneten Zitaten); zum Beispiel:

Mottes Gefühlszustand bei seinem ersten Besuch bei Bogi im Krankenhaus: »Ich freute mich total, ihn zu sehen, und wollte gleichzeitig nur noch wegrennen« (R 24 | K 26). Es folgt eine Selbstanalyse dieses Zustands der Gleichzeitigkeit, der für Motte neu und verstörend ist: »Vor Kurzem war alles für mich noch einfacher zu verstehen gewesen. Wenn ich zum Beispiel über etwas wütend gewesen war, war ich es total und hundertprozentig, bis irgendwann eben das nächste Gefühl auftauchte. Und das war dann meistens das komplette Gegenteil von Wut gewesen. Ich hatte mich im nächsten Moment gefreut oder war total albern geworden, kein Problem. Mal hatte sich das schnell abgewechselt, mal länger gedauert, aber es war immer ein Nacheinander gewesen. Und eines Tages, ohne dass ich gemerkt hatte, wie, war das Nacheinander weg gewesen und alles in mir gleichzeitig passiert. Alle Gefühle schossen kreuz und quer in mir rum und waren nicht mehr auseinanderzuhalten. Auf einmal war ich gleichzeitig froh und traurig. Ich lachte mich schlapp, obwohl ich eigentlich alles zum Kotzen fand« (R 24 | K 26). Hier zeigt sich deutlich das von Brandt erwähnte Ineinanderfließen der Empfindungen, das gleichzeitige Vorhandensein von komplett konträren Gefühlszuständen, das Motte als »total anstrengend und gar nicht auszuhalten« (R 25 | K 27) bezeichnet, von denen er aber auch ahnt, dass es »für immer so bleiben würde« (R 25 | K 27).

Auch die Episode mit Jacqueline steht für diese schier unerträgliche Gleichzeitigkeit von reinen Emotionen und ernsten Themen, die das Leben niemandem erspart, mit denen jeder früher oder später konfrontiert wird und die zum Erwachsenwerden dazugehören. In der ersten Phase der intensiven Verliebtheit rückt für Motte alles andere in den Hintergrund. »Ich dachte an Jacqueline Schmiedebach, und im nächsten Moment hatte ich dann schon wieder ein schlechtes Gewissen, dass ich nur noch an sie dachte und überhaupt nicht mehr an Bogi. Wie er da gestanden hatte hinter seinem Krankenhausfenster. Obwohl, ganz ehrlich? Ich dachte eigentlich nur noch an Jacqueline.« (R56 f. | K 60) Das zwischendurch immer wieder anklopfende schlechte Gewissen zeigt, dass Motte die Diskrepanz zwischen dem Neuen, Aufregenden in seinem Leben und der bange verharrenden Situation Bogis spürt. Er kann damit jedoch nicht umgehen und verdrängt derartige Gedanken, sobald sie aufkommen (z. B. R 84 | K 88). Auch nach dem Ende des Jacqueline-Intermezzos stehen für ihn seine Gefühle diesbezüglich im Vordergrund, es ist in diesem Moment für ihn das Schlimmstmögliche, auch wenn er rational betrachtet natürlich weiß, dass es Schlimmeres gibt: »Ich schämte mich so wie noch nie in meinem ganzen Leben. Andererseits, andere starben in meinem Alter, weil sie mit ihrem Mofa in einen Lastwagen reinbretterten [...]. Oder – weil sie irgendeine beschissene Krankheit kriegten, deren Name sich so anhörte, als sei es eben keine. Und die keinen Besuch mehr von ihrem angeblich besten Freund bekamen« (R 120 | K 125 f.); »Die Jacquelinesache war das Beschissenste, was mir bis dahin in meinem Leben passiert war, keine Frage. Dann hatte ich ein schlechtes Gewissen, dass ich so dachte. Weil doch das mit Bogi viel schlimmer war. Und weil mir das nicht zuerst eingefallen war« (R 150 | K 158). Beides sind für Motte einschneidende Erlebnisse, beide Erschütterungen überschneiden sich zeitlich, gehen mit ganz unterschiedlichen Emotionen einher und es überfordert ihn wiederum, mit dieser Simultanität umzugehen.

Ebenso verhält es sich nach Bogis Tod, als Motte nach Liebeskummer, Scheidung der Eltern, Umzug und allerlei pubertätsbedingten Problemen mit dem größtmöglichen Unglück konfrontiert wird – dem endgültigen Verlust seines besten Freundes. Weil die Tragweite dessen für ihn überhaupt nicht greifbar ist, er nicht weiß, was er fühlen soll, leugnet er Bogis Tod zunächst, behauptet gegenüber seinem Lehrer sogar, Bogi sei auf dem Weg der Besserung. »Der Gedanke, dass man doch einfach so tun konnte, als sei das, was ich vor ein paar Stunden erlebt hatte, gar nicht geschehen, erleichterte mich« (R 210 |

K 221); »Und wieder dachte ich für einen Moment, vielleicht ist das wirklich die Lösung. Dass wir so tun, als wäre alles gut ausgegangen und Bogi noch am Leben« (R 213 | K 224). In diesen Stunden ist Bogi für Motte gleichzeitig tot und lebendig, gleichwohl er natürlich ahnt, dass dies nicht von Dauer sein kann. Als er in dieser Nacht schließlich über den Zaun des Freibads klettert, überfällt ihn die Erkenntnis der Gleichzeitigkeit von Alltäglichem, Banalem und Existenziellem, Erschütterndem gnadenlos: »Sehr wahrscheinlich war in dem Moment, als Bogi starb, jemand seelenruhig mit seinem Rasenmäher hier entlanggelaufen. Überhaupt waren ja in diesem Moment lauter ganz normale Sachen geschehen. So wie immer« (R 225 | K 236). Motte kann diese Koinzidenz für sich noch nicht einordnen beziehungsweise akzeptieren, er ist noch im Prozess des Erwachsenwerdens, wenn Erwachsensein bedeutet, Ambivalenzen aushalten zu lernen.

- erneute Bezugnahme auf das Zitat und abrundendes Fazit

Aufgabe 3: Ein Zitat interpretieren

»An dem Tag, als er zum Non-Hodgkin-Bogi geworden war, hatte der alte Bogi aufgehört zu existieren, so als ob die Scheißkrankheit plötzlich seine wichtigste Eigenschaft war. Der ganze Rest war immer unwichtiger geworden und schließlich langsam hinter diesem ganzen Mist verschwunden. So ähnlich wie bei der Sonnenfinsternis […]. Zu wissen, dass hinter dem

Mond, der schuld an dem Schlamassel war, irgendwo die Sonne schien, hatte ja auch nichts daran geändert, dass es stockdunkel gewesen war.« (R 180 | K 189 f.)

Arbeitsauftrag: Analysieren und interpretieren Sie den bildhaften Vergleich, den Motte hier anführt, vor dem Hintergrund der Romanhandlung.

Lösungshinweise

- kurze Einleitung und inhaltlicher Überblick (siehe oben)
- Erläuterung des Zitats und Verortung im Romanzusammenhang
- Entschlüsselung der Bildlichkeit und Übertragung auf den Einfluss der Krankheit auf die Freundschaft Mottes und Bogis

Motte bringt hier zum Ausdruck, wie sehr die Krankheit ihn und Bogi voneinander entfernt hat. Während Mottes Leben in den vergangenen Monaten weitergegangen ist, mit allen möglichen Höhen und Tiefen und auch einschneidenden Erlebnissen, ist das letzte halbe Jahr für Bogi hauptsächlich mit Warten und Hoffen vergangen (R 181 | K 191). Nur einer von beiden erlebt neue Dinge, die sich dem anderen erzählen ließen, für diesen aber im Moment letztlich nicht relevant sind. Die gemeinsame Basis ist ihnen abhandengekommen. Bei Bogi und seiner Familie dreht sich alles um seine Krankheit, andere Themen gibt es kaum. Motte versteht dies natürlich, kann es aber manchmal nur schwer ertragen; so sagt er an mehreren Stellen der Handlung, dass ihn das überfordert, er am liebsten wegrennen würde (z. B. R166, 181 | K174, 190). Sein Vergleich mit einer Sonnenfinsternis bringt dies bildlich zum Ausdruck: Man wisse, dass die Sonne nicht verschwunden, sondern für den Betrachter nur verdunkelt ist, da sie vom Mond verdeckt wird, dennoch sind ihre charakteristischen Eigenschaften – Leuchten und Wärmen – in diesem Zustand nicht erfahrbar. In diesem Bild ist Bogi mit all seinen Charaktereigenschaften, Interessen und Eigenheiten die Sonne, die vom Mond – hier das zu Beginn des Zitats erwähnte Non-Hodgkin-Lymphom – überlagert wird. Alles andere tritt dahinter zurück, ist nicht mehr sichtbar, auch wenn es eigentlich noch da ist. Bogi ist nicht nur seine Krankheit, auch wenn es auf Motte so wirkt. Wenn man das Licht jedoch nicht mehr wahrnehmen könne, sei es letztlich egal, ob es nur verdunkelt oder gänzlich verschwunden sei, die Wirkung sei dieselbe. Gleichzeitig lässt sich die Verdunkelung der Sonne auch als Vorausdeutung auf Bogis Tod verstehen, vor allem, da nach einem kurzen Moment der Hoffnung wieder eine Verschlechterung seines Zustands eingetreten ist und er erneut ins Krankenhaus muss. Interessanterweise hat Motte diesen Eindruck der »Verdunkelung« beziehungsweise Entrückung Bogis bereits bei seinem ersten Besuch. Bogi wirkt für ihn, »[a]ls ob er, obwohl er noch gar nicht lange hier war, schon hierhergehörte und nicht mehr zu unserer Welt, zu meiner« (R22 | K24). Motte empfindet von Anfang an die Kluft, die sich plötzlich zwischen ihnen aufgetan hat: »[W]ie sollte das bitte schön gehen, das mit dem Dazugehören, wenn er den ganzen Tag über im Frotteepyjama in dem bekackten Giraffenzimmer rumlag, während wir draußen gerade unsere Welt umkrempelten?« (R 22 | K 24). Er weiß plötzlich nicht mehr, was er mit seinem besten Freund reden soll, fängt aus Verlegenheit an, über Fußball zu sprechen (R 25 | K 27). »Bogi und ich saßen also auf diesem Scheiß-Krankenhausbett und merkten, dass wir gerade wenig miteinander anfangen konnten. Ziemlich traurig war das.« (R 27 | K 29) Auch von Jacqueline oder Steffi erzählt er ihm nichts. Dies führt auch dazu, dass Motte Bogi immer seltener besucht. Er rechtfertigt sein Fernbleiben vor sich selbst: »Außerdem, wir würden dann ja, wenn ich ihn besuchte, sowieso wieder nicht wissen, was wir miteinander reden sollten. Bogi sollte sich erst mal ausruhen, das war ja wohl das Wichtigste« (R 140 | K 148). Bis auf die kurze Zeit, die Bogi zu Hause verbringen darf und in der sich eine Art neue Normalität zwischen den Freunden entwickelt, bleibt diese Distanz zwischen ihnen. Bei einem seiner letzten Besuche im Krankenhaus erzählt Motte Bogi dann zwar doch von all dem, was sich in seinem Leben ereignet hat, hat dabei das Gefühl, als würde Bogi seine Worte aufsaugen, »als könne er es dadurch miterleben« (R 183 | K 192), bis Bogi schließlich verstummt und Motte mit einem komischen Gefühl weggeht (R 183 f. | K 193). In diesem Moment wird überdeutlich, dass Bogi all diese Sachen niemals erleben können wird.

11. Literaturhinweise/Medienempfehlungen

Textausgaben

Brandt, Matthias: Blackbird. Roman. Anm. und Nachw. von Liane Schüller. Stuttgart: Reclam, 2023. (Universal Bibliothek. 14367.) [Hier zitiert als: R].

Brandt, Matthias: Blackbird. Roman. Köln: Kiepenheuer & Witsch, [2]2021. [Hier zitiert als: K].

Über den Autor

Körner, Torsten: Die Familie Willy Brandt. Frankfurt a. M.: Fischer, 2013.

Rezensionen zum Roman

Freund, Nicolas: Die Jugend vor dem Sprung. In: Süddeutsche Zeitung (27. 8. 2019). Online einsehbar unter: www.sueddeutsche.de/kultur/matthias-brandt-blackbird-1.4576456 (Stand: 5. 10. 2023).

Grombacher, Welf: Matthias Brandt legt seinen ersten Roman vor. In: Neue Westfälische (1. 9. 2019). Online einsehbar unter: www.nw.de/nachrichten/kultur/kultur/22549955_Matthias-Brandt-legt-seinen-ersten-Roman-vor.html (Stand: 5. 10. 2023).

Krekeler, Elmar: Zwischen Nick und Tschick. In: Die Welt (29. 8. 2019). Online einsehbar unter: www.welt.de/print/welt_kompakt/print_literatur/article199333076/Zwischen-Nick-und-Tschick.html (Stand: 5. 10. 2023).

Porombka, Wiebke: Leichte, schwere Jugendjahre. In: Deutschlandfunk Kultur (23. 8. 2019). Online einsehbar unter: www.deutschlandfunkkultur.de/matthias-brandt-blackbird-leichte-schwere-jugendjahre-100.html (Stand: 5. 10. 2023).

Schüller, Liane: Learn to fly all your life. Matthias Brandts Entwicklungsroman *Blackbird*. In: literaturkritik.de (27. 11. 2019). Online einsehbar unter: https://literaturkritik.de/public/rezension.php?rez_id=26279 (Stand: 5. 10. 2023).

Medienempfehlungen

Matthias Brandt liest aus *Blackbird*: www.youtube.com/watch?v=QPhf9FaVrGM (Stand: 5. 10. 2023).

Matthias Brandt spricht in der Talkshow *3nach9* von Radio Bremen über seinen Roman (16. 11. 2019): www.youtube.com/watch?v=gao-DNWiqbQ (Stand: 5. 10. 2023).

Gespräch mit Matthias Brandt über seinen Roman *Blackbird* [mit Lesepassagen und Musik]. SWR2 Lesenswert. Gespräch mit Wiebke Porombka (6. 3. 2020): www.swr.de/swr2/literatur/swr2-lesenswert-gespraech-20200310-2203-mit-matthias-brandt-ueber-seinen-roman-blackbird-100.html (Stand: 5. 10. 2023).

Trailer zum Roman vom Verlag Kiepenheuer & Witsch: www.youtube.com/watch?v=OXEaHrFyAvQ (Stand: 5. 10. 2023).

Playlist zum Roman: https://open.spotify.com/playlist/2yCZ9PFoPR07XTftrm13Fh?si=55a3b2b9a2bf415a (Stand: 5. 10. 2023).

12. Zentrale Begriffe und Definitionen

Autor: Der reale Autor (hier: Matthias Brandt) ist vom fiktiven Erzähler (hier: Motte) zu unterscheiden. Der Erzähler ist vom Autor erdacht worden, um eine Geschichte zu präsentieren. Natürlich kann der Autor seinen Erzähler dazu nutzen, seine persönliche Einstellung zum Erzählten zu vermitteln, auch kann der eigene Erfahrungshorizont zur Grundlage für den Erzähler werden, dennoch besteht keine Deckungsgleichheit. Auch wenn Matthias Brandt zu der Zeit, die er für die Handlung seines Romans gewählt hat, selbst Jugendlicher war, ist er nicht Motte.
➤ S. 92

Coming-of-Age: Der Begriff bedeutet übersetzt Erwachsenwerden oder Heranwachsen. Romane oder Filme, die als Coming-of-Age-Geschichte bezeichnet werden, thematisieren die Entwicklung eines meist noch jungen und unerfahrenen Protagonisten, der sich zum ersten Mal in seinem Leben mit den grundsätzlichen Fragen der menschlichen Existenz konfrontiert sieht.
➤ S. 76

Erzählform: Unterschieden wird zwischen dem Ich-Erzähler und dem Er-/Sie-Erzähler. Der Ich-Erzähler gehört der Figurenwelt an und erzählt eine Geschichte, die er selbst erlebt hat. Der Er-/Sie-Erzähler hingegen ist nicht Teil der Figurenwelt, er erzählt eine Geschichte, an der er selbst nicht direkt beteiligt ist. *Blackbird* wird von einem Ich-Erzähler erzählt (Motte), der Teil der Geschichte ist, sie selbst erlebt hat und aus seiner Sicht davon erzählt.
➤ S. 82

Erzählhaltung: Einstellung des Erzählers zu den Figuren oder zur erzählten Handlung. Sie kann neutral, aber auch auf verschiedene Weise wertend sein: zustimmend, ablehnend, skeptisch, ironisierend, humorvoll. Motte kommentiert sein Erleben und seine Eindrücke häufig und nimmt so eine wertende Haltung ein.

➤ S. 84

Erzählte Zeit: Bezeichnet die Zeitspanne, die ein epischer Text beinhaltet. Gemeint ist also die fiktive Dauer der erzählten Handlung. In *Blackbird* umfasst die erzählte Zeit circa elf Monate (Mitte August 1977 bis Mitte Juli 1978).

➤ S. 89

Erzählverhalten: Man unterscheidet zwischen auktorialem, personalem und neutralem Erzählverhalten. Der auktoriale Erzähler überblickt das Geschehen, kennt die Gedanken und Gefühle der Figuren. Er nimmt einen allwissenden Standort ein. Er bewertet und kommentiert das Geschehen, leitet den Leser mit Hinweisen, Vorausdeutungen oder Rückblicken. Beim personalen Erzählverhalten übernimmt der Erzähler die Sicht einer der handelnden Figuren. Seine Darstellung ist darauf beschränkt, was diese Figur wissen, sehen, hören oder fühlen kann. Der Leser erlebt das Geschehen scheinbar unmittelbar aus der Sicht dieser Figur. Dies ist besonders ausgeprägt, wenn erlebendes und erzählendes Ich nahezu deckungsgleich sind. Wird rückblickend erzählt, gibt es also einen zeitlichen Abstand zwischen Erleben und Erzählen, kann auch der personale Erzähler mehr wissen, als seine Figur es im Moment des Erlebens konnte, er ist dennoch in Bezug auf die anderen Figuren auf die Außensicht beschränkt. In *Blackbird* liegt personales Erzählverhalten vor. Motte, der Erzähler, ist Teil des Geschehens und vermittelt dem Leser die Ereignisse, wie er sie erlebt. Was in anderen Figuren vorgeht, kann er nur mutmaßen. Der neutrale Erzähler hingegen stellt das Geschehen als unbeteiligter Beobachter dar. Er ist distanziert und erzählt objektiv und sachlich, konzentriert sich auf äußerlich wahrnehmbare Vorgänge. Gedanken und Empfindungen von Figuren finden nur Eingang in sein Erzählen, soweit sie äußerlich erkennbar sind. Seine Erzählung ist frei von Wertungen und Einmischungen.

➤ S. 83

Erzählzeit: Bezeichnet die Zeit, die der Leser braucht, um das Werk tatsächlich zu lesen. Ist die erzählte Zeit länger als die Erzählzeit, spricht man von zeitraffendem Erzählen. Dies lässt sich auf das Werk im Ganzen oder auch auf einzelne Sequenzen beziehen. Im Gesamten betrachtet liegt zeitraffendes Erzählen vor, betrachtet man jedoch einzelne Szenen, lässt sich häufig zeitdehnendes Erzählen feststellen.

➤ S. 89

Hyperbel (Adj. hyperbolisch): Stilmittel der Übertreibung.

➤ S. 85

Metapher: bildhafter Ausdruck, Übertragung eines Wortes von seinem eigentlichen Bedeutungszusammenhang in einen anderen. Zwei Bereiche, die augenscheinlich nichts miteinander zu tun haben, werden ohne Vergleichswort miteinander verbunden und kreieren so eine bildhafte Umschreibung. Beispiel: »Wüstenschiff« für »Kamel«, »Licht am Ende des Tunnels« für »Hoffnung (in schweren Zeiten)«. Die Metapher ist ein sehr häufig zum Einsatz kommendes Stilmittel in literarischen Texten aller Art, aber auch – oftmals unbewusst – im alltäglichen Sprechen. Beispiele: Stuhlbein, Fuß des Berges.

➤ S. 84 f.

Motiv: wiederkehrender inhaltlicher Baustein, der ein bestimmtes Thema in die Handlung einbringt. Ein typisches, allseits bekanntes Märchenmotiv ist beispielsweise das der »bösen Stiefmutter«.

Als Leitmotiv bezeichnet man ein Motiv, das einen besonders starken Einfluss auf den Text hat und sich wie eine Art roter Faden durch die Handlung zieht. In *Blackbird* stellt die titelgebende Amsel (Vogel selbst, Amselfelder Rotwein, Song der Beatles, Schwester Merle) ein prominentes Motiv dar.

Von der hier beschriebenen Definition zu unterscheiden ist die psychologische Bedeutung des Wortes, die nach den Beweggründen der Handlung einer Figur fragt.

➤ S. 106–111

Onomatopoesie: Lautmalerei. Wiedergabe nicht-sprachlicher Laute durch sprachliche Mittel (Bsp.: »Wau wau« für das Bellen eines Hundes oder »Klonk« für das Geräusch eines zu Boden fallenden metallischen Gegenstands).

➤ S. 87–89

Protagonist: Hauptfigur eines literarischen Werks, Films oder Theaterstücks. Der Protagonist in *Blackbird* ist Motte.

➤ S. 82

Symbol: ein Zeichen, das auf etwas anderes als sich selbst verweist, also etwas nicht unmittelbar Wahrnehmbares veranschaulicht. In einem Symbol verdichtet sich eine Erfahrung oder ein Erlebnis, es steht stellvertretend für eine Idee. Es gibt Symbole, die mit einer eindeutigen Aussage verknüpft sind (»vierblättriges Kleeblatt« = Glück), oftmals gibt es aber verschiedene Deutungsmöglichkeiten für Symbole, da sie im jeweiligen Kontext zu sehen sind. Der Sonnenuntergang wird häufig als Todessymbolik betrachtet, Motte hält es für irrelevant, ob die Sonne untergegangen oder »nur« verdeckt ist.

➤ S. 145 ff.